80歳にして、挑む

人こそが最高の財産

南富士株式会社
代表取締役 会長
杉山定久

イースト・プレス

はじめに

80歳で第一線を引退しようと考え、準備をしていた時、一通のメールが中国から届いた。張総経理からのメールには、Ａ４用紙３枚分、私が48年間中国で行ってきた「人づくり」「大学での客員教授」「論文」「奨学金」「著書」等についてビッシリと書かれたレポートが添付されていた。私が忘れていた案件まで……。

本文には、「これだけ、中国の人づくりに貢献してきた杉山先生が、引退されるのは残念、もったいない……是非形を変えて継続してほしい」と、今まで杉山個人や南富士という一企業でやってこられたが、これからは公的団体として続けてほしい。できるならば、そのトップに日本の元総理大臣である福田康夫先生が名を貸していただけるなら最高である。福田先生は、中国で絶大な信用があり、日本と中国の文化交流にこれ以上の人はいない……。

この文章を読み、改めて50年間の草の根での日中交流の重みを感じ、しばらくの間、頭が空白、真っ白となってしまった。

さて、どうするか……？　引退の準備は数年掛けて完了している……。でもそこまで言われ、期待されているのなら……。しかし、雲の上の福田元総理は面識もツテもないし、私が継続する事は、後継者であり現社長の息子に余計な負担がかかる……。

様々な事を考え、試行錯誤の結果

1．人生100年時代である。今80歳（バイデン米大統領も81歳）。

2．人生は出会い。これも何かのご縁である。挑戦してみるか……！

3．世の中、特に中国にはすごい人がいる。私の過去を全て調べて、まとめて、伝達してくる。

4．どこまでできるか分からないが、「80で挑む」事を決心した。

5．新しいドラマ（第2章）となる一般財団法人「日中人材育成協会」のStartである。

そして、福田先生には、インドネシアのHeruさんからの紹介でお会いする事ができた。

私の今までやってきた、「日中（アジア）の草の根人づくり」が地域の若者に、夢と希望とチャンスを与える事ができるなら、望外の喜びである。

今までやってきた「人づくり」と「ビジネス」を隠す事なくオープン化し、イラスト風にまとめてみた。

本書が、日本・中国・アジアの若者の成長の一助となり、ひいてはアジア一体化となれば最高の喜びである。

目次

はじめに……2

第1章　知恵を出すには……11

知恵や創造は最高に楽しい／広い見識／考えることを楽しむ人生を／マジメはNO、遊び心が必要／ピンチはチャンスと考える／様々な体験（Yes Try）／ポケットを増やす／現象でなく、隠れている本質を見る／日頃から「見えないモノを見る力」をつける／ボキャブラリーを増やす／一語で表現する力／人との出会いを求める（外に出て人と会う）／本も、読む／本物と接する／自分を磨くのではなく、自分を研く／失敗は発想転換のチャンス／常に三歩先を考えて、行動する／出来ない理由でなく、出来る方法を／Howより、What／道はいくつもある。気づかないだけ／全員反対は、成功への道（前例なし）／奇をてらわず、あくまで本質を貫く／時々「まさか」「意外性」を／白か黒か……赤？／よく見てよく聞けば、道あり／多数が正解でない。少数に価値がある／なければ、つくる／12345だけでなく、54321／行き詰まったら、紙に書く／事実は常に一つ。見方、考え方いろいろあり。／無から有を生む、0→1ビジネス／新しい挑戦は成否50：50／経験が新しい発想の障害／自分に力がなければ、力のある人と組む／センス（天性）と理（論理）があればBest／ポイントを絞り、一点突破／近くのモノを捨て、遠くのモノを組み合わせる／成功への近道。好きになる、信じる／成功のイメージを描ければ、そこまで行ける／夢を持っていないと、知恵は出ない／創造は頭（理）でなく、心（情）から／人の行く裏に道あり、花の道／前に道なし、後ろに道あり／過去より未来志向／タテ、ヨコ、ナナメ、東西南北から考える／難しければ難しいほど、価値あり／知恵に正解なし。他の方法あり／ワクワクする提案は、シンプルである／全てを捨てる事から始まる／知恵を出す事より、知恵を使って結果を出す／平凡からは何も生まれない／大局的視点（社会目線）／時流を見抜くカン（観、感、勘）

第2章　人づくり50年 …… 65

全ての原点は人から始まる／ＧＭＣ（Global Management College）／Roof Meister School／潜在能力採用／ミニ経営者（営業所長）／ＰＰＤ（Pro Pro Director）／頭の活性化マガジンM-net／草の根・日中人材新報／一般財団法人 日中（アジア）人材育成協会／人づくりは全て無料／人づくりは時間とお金がかかる（経費ではなく、投資。種まき）／人づくりはHuman Network。人脈となる／出会った人をファン化する／人は「環境とチャンス」で育つ／要はリーダーを育てる／学ぶとは新しい事に挑戦する事／覚えるのではなく、学ぶ（考え）習慣（Teachではなく、Learn）／一芸のある人を育てる／人間力教育（感謝）（徳）（素直な心）（学ぶ姿勢）（顔）（知性）（目2耳2口1）／興味を持てば人はドンドン成長する／教育とは、共に夢を語ること／成長する人は「素直な心」「柔らかい頭」「挑戦力」のある人／

第3章　経営とは……89
経営はシンプル／新規事業／マーケット・イン経営／強いモノをより強く／ナンバーワン・オンリーワン経営／デジタル化時代にアナログで生きる経営／稼ぐ力／少数精鋭／実践経営／Ｙｅｓ Ｔｒｙ経営／能力主義経営／現地化経営／人を育て、任せる経営／中国、アジア一体化経営／理念経営／人マネしない、されない経営／Innovation 経営／竹林経営／５４３２１経営／Scrap & Build 経営／Chemistry 経営／知的資産経営／持たない経営／二刀流経営／種まき経営／時代到来経営／Network 経営

第4章　情報とは……117
情報は発信しなければ入ってこない／自分の目で見たモノ、肌で感じたモノを信じる／現場からの生の情報は価値あり／表（加工された）情報と裏（生）情報／情報をまとめてみると流れが分かる／知った情報の裏にある本質を知る、見抜く／感度が悪いと情報は素通りしてしまう／目が二つ、耳が二つ、そこから情報が入ってくる／「誰と会うか」によって情報は大差となる／情報は得る事でなく、得た情報をどう活用するかである／多角的（中国、日本、アジア）発想が今求められている。一つだけはＮＯ

第5章　捨てるということ……129

過去は捨てて、今と将来に向かっていく／成功体験も捨てる／捨てた分だけ新しいモノが入ってくる／命は捨ててはならないが、命と向かい合った時、人は変わる／ドンドン価値観が激変している。思い切って捨てる／コップの中に水がいっぱい入っていると、新しい水は入らない／「捨てる勇気」が必要／Scrap & Build（変化するモノだけが勝ち残る）／人を代える、やり方を変える、システムを変えると新しい芽が出てくる／優先順位を変えると全てが変わる／三つ残し、あとはみな捨てる／努力してもダメな場合（時代に合っていないかやり方が悪い）／法律は守るモノでなく、乗り越えるモノ

第6章　常に気づきを持つ……143

常に全体を見る、現象に流されない／三歩先から今をやる／紙に書いて貼る。整理する／問題意識を最低でも5個は持つ／人を見るのは顔（目）／さっと見るトレーニング／比較してみる、考える習慣／自分の関心の幅を社会の関心の幅に／目的と手段を間違えない／分かる（Understand）ではなくできる（Can Do）／大切なモノは現象の裏に隠れている／読書を5回すると、著者の意図（見えないモノ）が見えてくる／現場にヒントあり／自然と動物に学ぶ

第7章　グローバルな視点を持つ……159
国際化は英語を話す事ではない（教養の一つ）／グローバル人材は差別しない／グローバル人材は社会貢献度が高い／グローバル人材は教養（リベラル・アーツ）。哲学、歴史、社会科学、自然科学など幅広い勉強を／見識と教養（すぐ役立たない勉強）を持つ／中国・アジアで無償で人づくり50年／人づくりとは／本を贈り続けて／杉山種まき奨学金（返済義務なし）／大学の教授／「人助け、ボランティア」の世界一はインドネシア。日本は118位／海外進出はほとんどの企業はビジネス。私はまず人づくり、そしてビジネス／海外投資の時、相手国企業ではなく大学と組む／なぜ大学と組むか？　と問われる。中国進出は文化（本の寄贈）からStart／大学はお金がないが、お金を生み出す仕掛け（構築）で絶対の信頼を得る／構築とは①Architecture②Creation ③Systems ④Building ⑤Construction ／中国のトップ大学の一つ蘭州大学に、当社が運営する学生工作室が2023年にStart

第8章　挑戦するということ……177
挑戦には失敗がつきもの。成功、失敗は50：50。失敗から学べばいい／「思う・考える」のではなく、やってみる／どうせやるなら思い切って挑戦／他者と同じ事をしない（人の行く裏に道あり花の道）／あなた（社員）が失敗しても会社は倒産しない／挑戦しないで悔やむより、やって学べばいい／実践（挑戦）に勝る教育なし／何事もPDCAがベース。そしてDo／全員が反対したら成功。それは前例がないから。成功確率が高い／同じ失敗は二度としない／傷だらけの人生の方が楽しい。失敗を活かす（マイナス×マイナス＝プラス）／七転八起／挑戦するにはエネルギー（時間とお金）がいる／諦めなければ成功する（20回Ｔｒｙ）／命がけの挑戦も人生に一度または二度あり／苦しい時はドラマの主人公。谷の後は山ありと考える／前例がないと周りは賛同してくれない。苦しい（生む苦しみ）が、どれだけ思いを持ってやり抜くか／常に創造し、新しい挑戦を続ける創造は、余っているモノと足りないモノの組み合わせ／人づくり×介護×ＡＩ 南富士の人づくりが新たな領域に挑戦／挑戦の先に明るい未来（明日）がある／過去の延長線上に明日はない。未来はつくっていくもの／私の挑戦は常に前例がなく先生もいない。成功を信じてやり抜くだけ（中国、ＧＭＣ、ＲＭＳ）

張総経理からのメール……200
4つの顔をもつ……203
杉山定久　概念図……204
杉山定久　プロフィール……205
杉山定久　ウェブサイト／ＳＮＳ……206

おわりに……208

第1章

知恵を出すには

知恵や創造は最高に楽しい

魚（お金）ではなく、魚を釣る道具・方法（知恵・アイディア）。
競争相手がいない。敵もつくらない。
Taxも物流費もなく、頭一つで世界へ……。

広い見識

狭い視野では、何もできない。

「日本だけ、今だけ、自分だけ」という人が多いと感じる。
これでは何が起こるか分からない激動の時代を生き残れない。
知識（本）と体験によって広い視野を持とう。

創造は知識（幅広い勉強）と
体験（成功、失敗の様々な）から生まれてくる。
少しでも、これからの変化を予測（創造）してみると、
新しい芽が出てくる。
正解はないが、自分の頭で考えるトレーニングである。

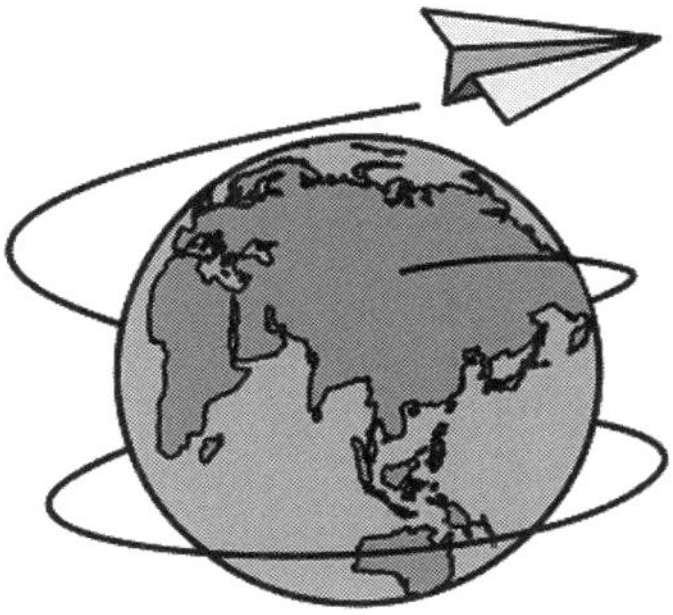

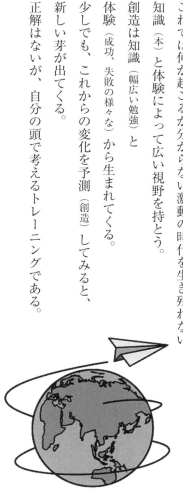

考える事を楽しむ人生を

毎月行く床屋の主人から、髪が伸びるのが早いですね、頭を使っているんですね、と言われた。

私は布団の中でもどこでも常に頭がフル回転だ。

それだけ考える事が楽しい。

頭も使わなければ、尻尾同様退化してしまうのだ。

使わないモノは退化してしまう。

頭も使わないとダメになってしまう。

時間もお金もかからない。

少し考える事をしてみると、新しい人生が始まる。

マジメはNO、遊び心が必要

遊び心とは？　やらなくてもいい事を敢えてやる事だと考えている。
文化や歴史、芸術など、すぐに役立たない事を敢えてやる。
マジメは範囲を決めて、そこから出ない。
それでは新しいアイディアや知恵は生まれない。
この激動期、マジメに一生懸命に頑張ったら
行き詰まってしまう。
１＋１は２でなく、３になったり０になったり、
マイナスになったりする時代。
マジメな人は魅力がありますか……？
不マジメではなく、非マジメで。

ピンチはチャンスと考える

よくピンチの乗り越え方を聞かれるが、私はそんな時、
映画やドラマの主人公になったつもりでいる。
平凡なストーリーの映画やドマは面白くない。
人生も同様で、山や谷があるからこそ
ドラマティックで面白いのだ。
大変とは、「大きく変える」事。逃げたら負けである。
大変でも、「朝の来ない夜はない」のだ。
ピンチの時はドラマの主人公と思い、
今がクライマックスで、
後で振り返って一つの思い出づくり……と考えて、
挑戦してみよう。

様々な体験（Yes Try）

よく社員に「私が失敗したら会社は潰れるが、あなたが失敗しても会社は潰れない。何でもやってみなさい」と話す。

みな、失敗が怖いと言うが、失敗したらそこから学べばいいのだ。

新規事業はフィフティフィフティ。

マイナス×マイナスはプラスの発想で、何でもやってみよう。

チャンスのある人生は素晴らしい人生だと思う。

人はチャンスによって変化し、成長していく。

成功も失敗もチャンスの一つである。

チャンスを活かしていきたい。

ポケットを増やす

私は頭の中にポケットが３０００ある。
３０００×３０００で９００００００通りのアイディアが出る。
頭のポケットに体験や経験を入れたら、それは忘れて新しい事に挑戦していく。
そして、必要な時に頭のポケットから取り出せばいいのだ。
ポケットが５の人は５×５で25、つまり25のアイディアしかでない。
チャンスがあったら、Tryである。

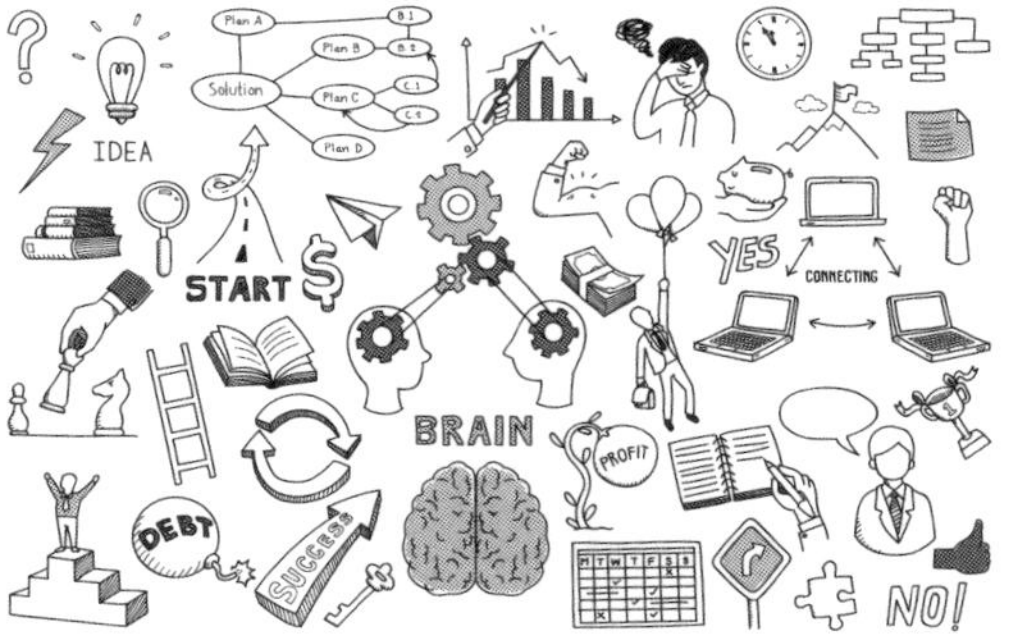

現象でなく、隠れている本質を見る

本質は見えにくいが、それを知ると道は拓ける。
日頃からトレーニングが必要であるが、
三歩先を考えると、自然と今（現象）が見える。
現象にこだわると、そこから出られない。
現象は現象として、その先はどうなるか？
今日だけでなく、
いつも明日（未来）を考えたり、夢を見たい。

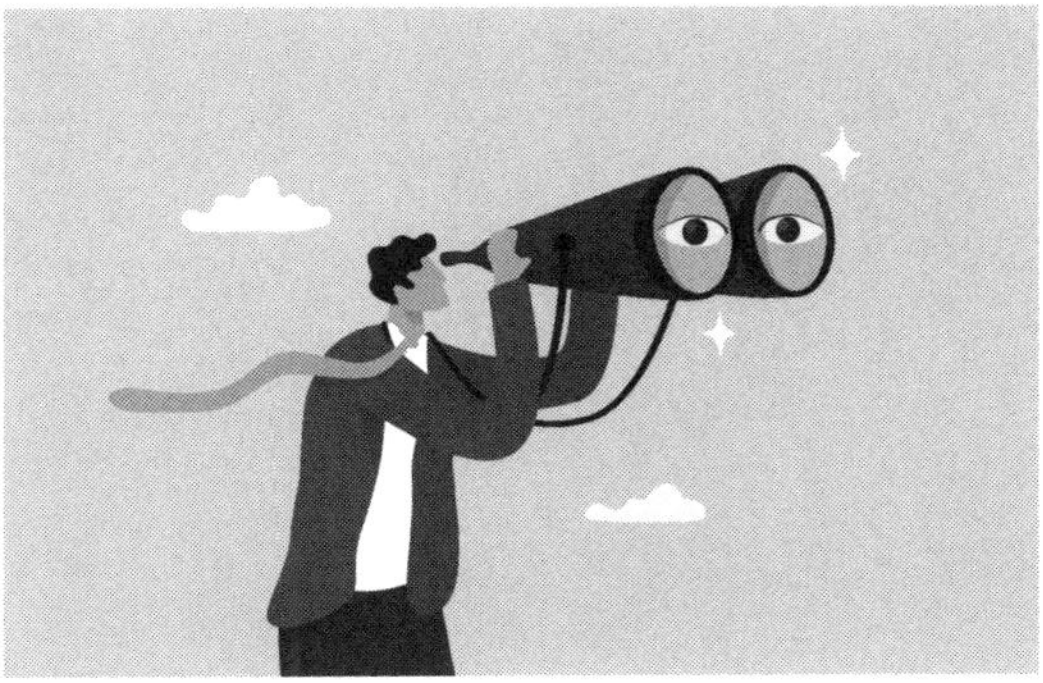

日頃から「見えないモノを見る力」をつける

現象で動かない。現象はすぐ変化してしまう。
声なき声を聞く。本質は隠れていて見えない。
目をつむって、考えるトレーニングをしよう。

ボキャブラリーを増やす

例えば、三つの事を話すなら、一語で話す。
時間とエネルギーの効率化にもなる。
一つの表現でも深く心に刺さるし、伝えられる。
その為の勉強が必要だ。
例えば、新聞の広告。
読者に訴える一語は、ヒントになる。
活用できるモノは、近くにいっぱいある。

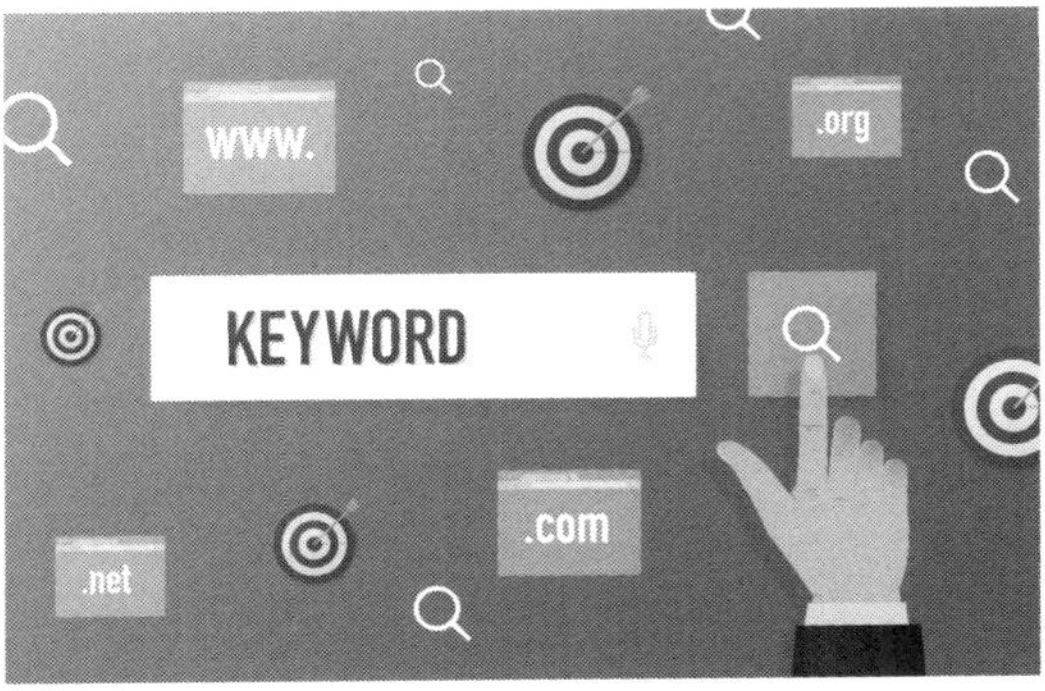

一語で表現する力

シンプルほど難しい。センスが問われる。
ストレートにそして的確に。
多弁は自信のない証拠。
言葉でカバーしようとするからだ。
要は、何を伝えたいか、である。

人との出会いを求める（外に出て人と会う）

待合ではなく、外に出て人に会うと何かがある。
机の上だけでは何も生まれない。
人生は出会い、である。現場にヒントあり。
行動すれば、必ず結果が出る。
思い切って外に出よう。

本も、読む

実践は大切だが、基礎づくりは本で。
読書は他人の知恵を借りる事である。
私は大学卒業後、１年間であらゆるジャンルの本を
２０００冊読んだ。
そして今は、本は読むモノではなく、
書くモノだと考えている。
すなわち、本を書けるくらいの人生を送りたい。
良い本を選べる人は、人を選べる人であると思う。

本物と接する

一流と接すると、〝磨く〟でなく〝研《みが》かれる〟。
一流だけでもダメ、二流・三流も知る事が必要。
そして、いつも本物と接していると
偽物はすぐに分かる。
食べ物でも、洋服でも、何でも。

自分を磨くのではなく、自分を研《みが》く

するどい感覚を研ぎ澄ますには、
よく見る、よく聞く、よく考える。研《みが》けば、光るのだ。
人間中心の社会の到来である。
本や体験、未知との出会いによって、人は輝く。

失敗は発想転換のチャンス

順調は成長がない。
できれば若い時に失敗をすすめたい。
私は常に楽より苦を選ぶ。
誰も行かない道には、新しい発見があるのだ。
失敗を怖がる人は多いが、失敗から学べばいい。
命を懸けた失敗はＮＯだが、それ以外はＯＫだ。

常に三歩先を考えて、行動する

先の先の先はどうなるか……。
一歩先は、ちょっと頭の良い人なら考えられる。
三歩先は我が道、となる。
誰もが先は見えないが、
見えないモノを見る洞察力を身につけると、
人生は楽しい。

できない理由でなく、できる方法を

頭の切り替えが必要。マイナスでなく、プラス思考で。
例えば、70％の水を使ってしまった……あと30％しかない」ではなく、
「まだ30％残っている」と、考える。
ネガティブに考えるのではなく、ポジティブに考えると、先が見える。

あと30%しかない
まだ30%ある

Howより、What

どうしてもHow（現象）で考える人が多い。
何（What）が間違っていたら、どうやってもダメ、である。
今後やってくる社会、将来（三歩先）を考え、
私は本業を40年前に住宅販売から屋根工事の事業に切り替えた。
今では日本一の施工量を誇る屋根工事会社である。
要は、どうやるかでなく、何をするかである。
何をやるか（What）や、どこでやるか（Where）が
ポイントとなる。

道はいくつもある。気づかないだけ

周りにヒントは転がっている。
それに気づかないだけなのだ。
マジメに考えてもダメ。
遊び心（視野を広く）がなければ気づかない。
思うだけでなく、行動（実践）すると、
ヒントに気づく。
机上にはヒントがないが、
現場や実践には気づきやヒントがいっぱいある。

全員反対は、成功への道（前例なし）

前例がないから反対される。
それはイメージができないから。
中国進出、八角形住宅、Roof Meister School……。
私は様々な前例のない創造をしてきたが、
思いつきはダメである。
本質を見抜く力が必要である。
反対は過去の価値観の延長線上であり、
自分に自信がない証拠である。

奇をてらわず、あくまで本質を貫く

前例がないと人はイメージできない。だから反対するのだ。
思いを持ってやり抜けば失敗でなく、成功となる。
だから私は、前例がなければ成功間違いなしと、考える。
強い勇気と実践が求められる。
諦めなければ成功する。
中国での人づくり50年。
「頭の活性化マガジンM-net」配信24年……。

時々「まさか」「意外性」を

まさかは人を大きくする。
例えば、ニート・ひきこもりを屋根職人に育成する
Roof Meister School。
職人不足。どこにも人はいない。
気をつけて見てみるとひきこもりが１４６万人もいる。
これだ、と素直に思った。
ニート・ひきこもりを屋根職人に？
と誰しも「考えられない！」と言った。
このまさかの発想が、創造には必要だ。
まさかは遊び心である。
失敗してもいいのではないか……？

白か黒か……赤？

新しいアイディア「まさか」を生み出すには、
二者択一では出てこない。
例えば、出身は？　と聞かれたら
私はいつも「アジア（日本・静岡ではなく）」と答える。
白猫、黒猫どちらがいい？
と聞かれたら、「赤猫（ネズミを捕る猫）がいい」
と答えるだろう。
人と違った視点を持つ事が必要だ。
要は、相手の土俵で戦うのではなく、
自分の土俵で戦いたい。

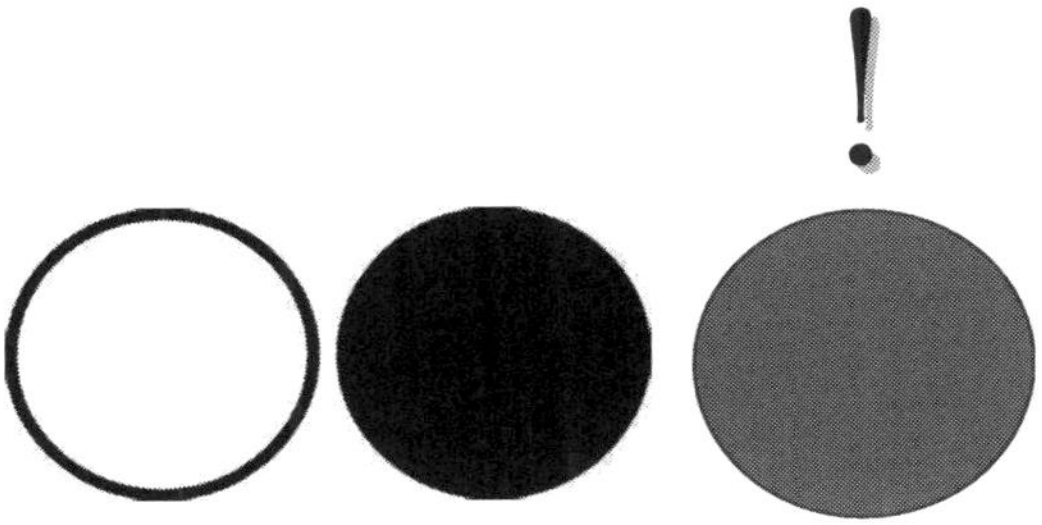

よく見てよく聞けば、道あり

耳二つ、目二つ、動物になって感をはたらかせる。
徹底して、よく見る・よく聞く。
行動でなく、頭や心の中を見ると応えあり。
人間も動物である。
目は口以上に表現しているし、
顔に応えあり、である。

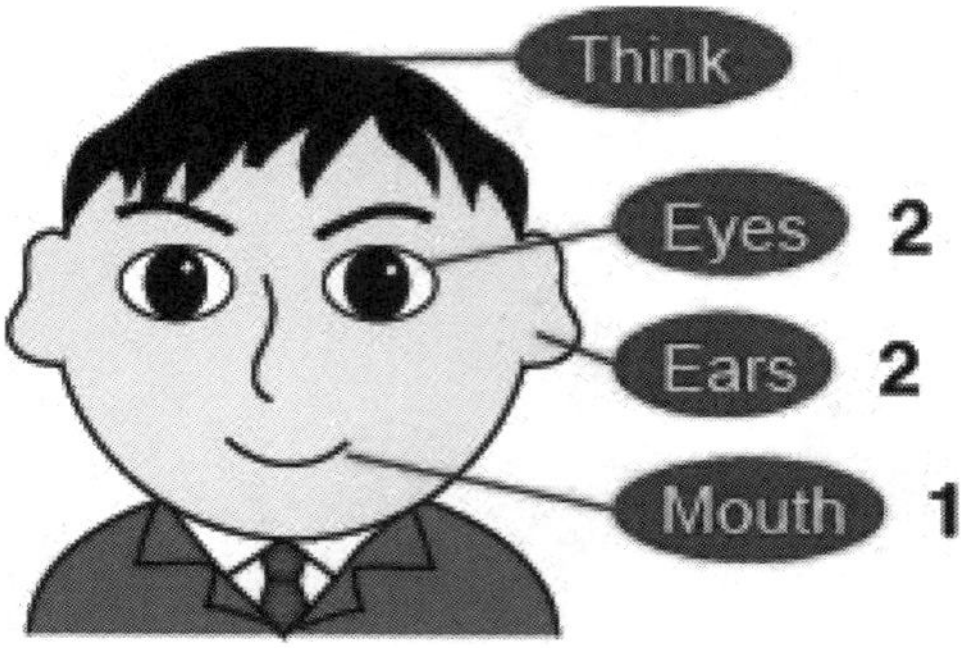

多数が正解でない。少数に価値がある

反対こそ正解。そこに理由あり。
多数決は安心するが、正解ではない。
多数決は平凡である。非凡の中に真理あり。
反対する人は反対の理由あり。ここがポイント。
勇気がないと反対できない。
人の行く道の裏に道ありである。

なければ、つくる

あれば利用、なければ考えてつくる（0→1）発想。
多角的・長期的・総合的に考え抜く。
それには、ポケットの数がないと無理である。
できない理由を考えるのではなく、
できる方法を常に考えると、道は無限である。

12345だけでなく、54321

逆もまた、真なり。
私には1から順番に、
検討するという発想はない。
スピードがなければチャンスは逃げていってしまう。
走りながら考えるアジア的発想が必要だ。
ルールは人がつくったもの。
新しいルールをつくればいい。
現実から夢を見るのも一つだが、
夢から現実を見るのも楽しい。

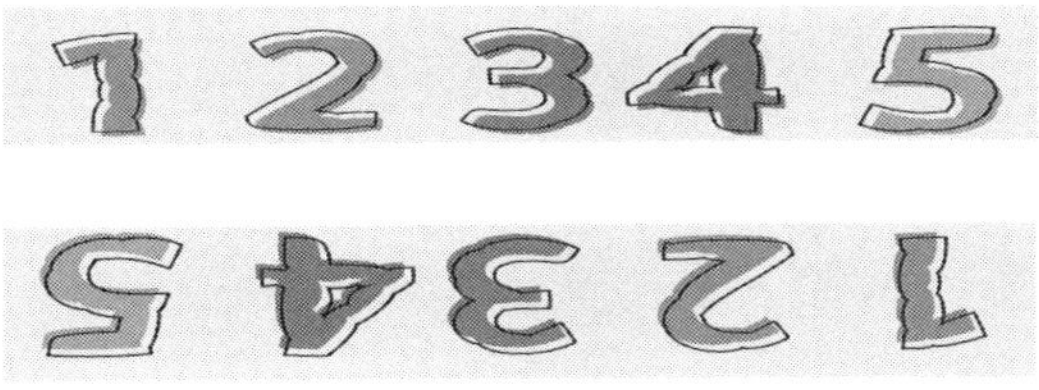

行き詰まったら、紙に書く

私は常にジャケットの裏ポケットに
メモ用紙を入れている。
気づけばすぐにメモをする。そしてノートに貼る。
紙に書いて貼る事で忘れ、頭の中は別の事を考える。
そうして紙も頭の中も整理していく。
見える化すると、答えあり。
「読み、書き、ソロバン」と言うが、
書く事は人を育てる。
「まとめる」「余分なモノは捨てる」
「書くという行動」が、人を育てる。

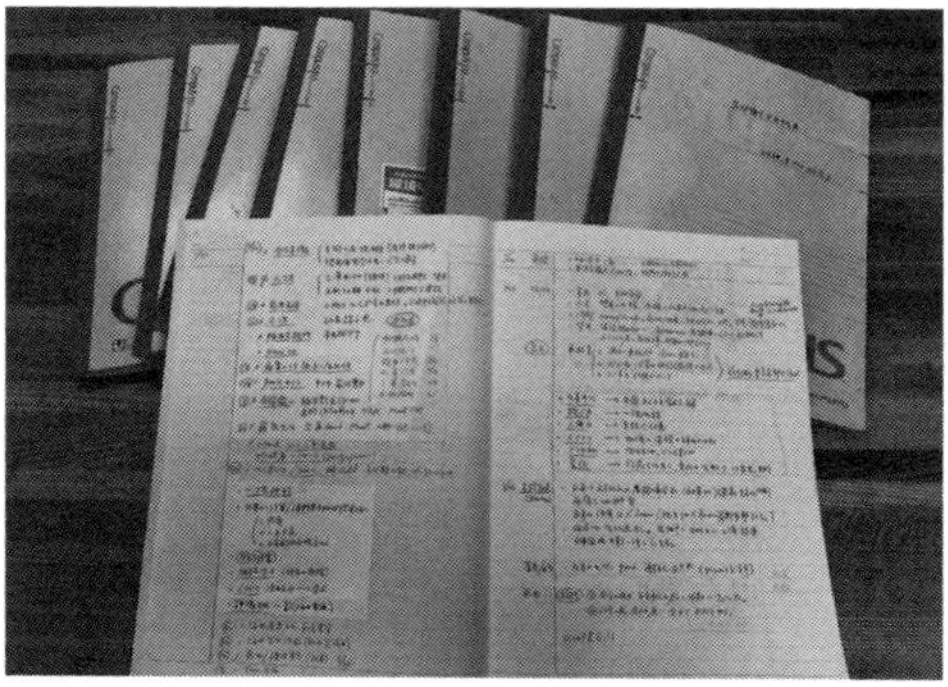

事実は常に一つ。見方、考え方いろいろあり。

いつも現象ではなく、本質を見よう。
例えば八角形住宅。
固定観念があったら生まれなかった事業である。
プラスで見るかマイナスで見るか？
それによって変わってくるのだ。
家は四角形という固定観念では、
新しい発想は生まれない。
モンゴルのパオやイヌイットの
円形住宅などもある。

女性社員の提案から生まれた「八角形住宅」

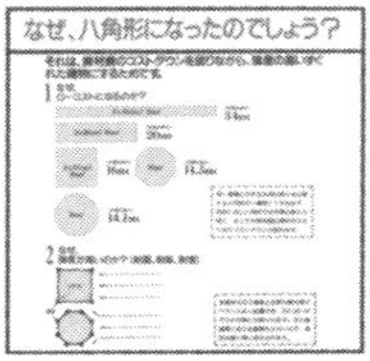
なぜ、八角形になったのでしょう？

八角形住宅
低価格で工期も短縮
ノウハウ、資材の販売へ

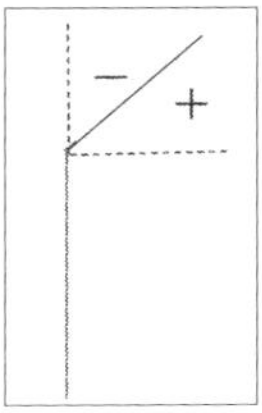

無から有を生む、0→1ビジネス

1を100にするのは楽であり、
0から1は生む苦しみがある。
しかし、生む苦しみの先には……？
前例のない事を考える楽しみを身につけよう。
現象でなく本質を知ると、
見えないモノが見えてくる。

新しい挑戦は成否50：50

やってみなければ分からない。
その考えで、私は本当に何でもやってきた。
成功は自信となり、失敗からは学ぶ事ができる。
新しい挑戦はフィフティフィフティと考え、
何でもやってみよう。
諦めなければ１００％成功となるのだ。
諦めた時に創造する力は、０となる。

経験が新しい発想の障害

経験は捨てて、素で物事を見てみよう。
自分の価値フィルターを外そう。
赤ちゃんを思い出してほしい。
目をキョロキョロさせ、何でも興味を持つ。
赤ちゃんのように素直に興味を持つ事が
創造の原点である。
そこに経験（従来の価値観）はいらない。
物事の成功は、経験の延長線上でなく、
外にあるモノだ。

自分に力がなければ、力のある人と組む

アルファベットのＴのような人間がいい。一専多能な人間だ。
また、自分の力が弱ければ力のある人と組み、Ｔ型を目指す。無敵の生き方だ。
文系の人は幅が広いが、深みがない。
理系の人は深みはあるが、幅が狭い。
組み合わせたら、良いのだ。

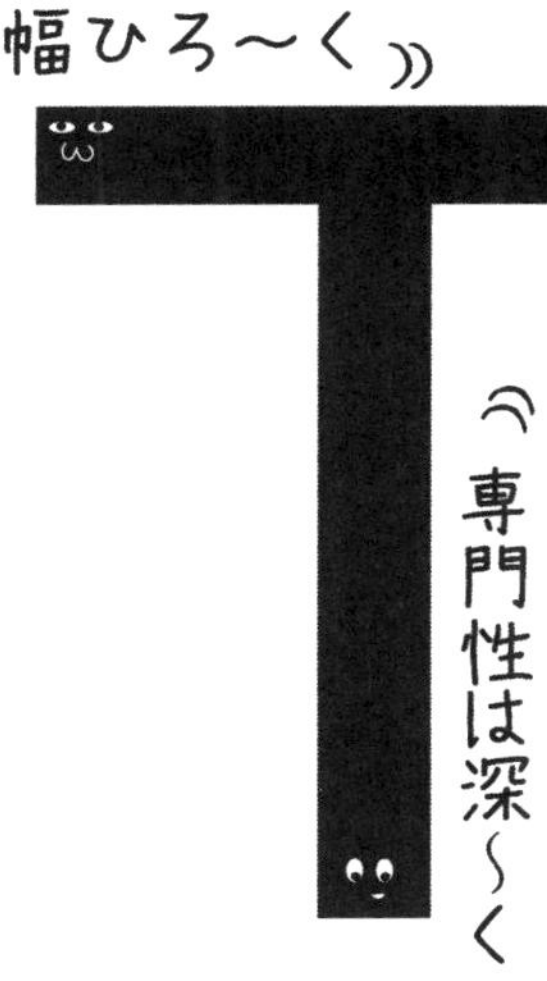

センス（天性）と理（論理）があれば Best

さて、自分にはどちらがあるだろうか？
センスは研《みが》き、理は学ぶ。
そして、何でもTryする。
そうして二つを兼ね備えよう。
センスは実践で身につき、理は学問、読書で学べる。

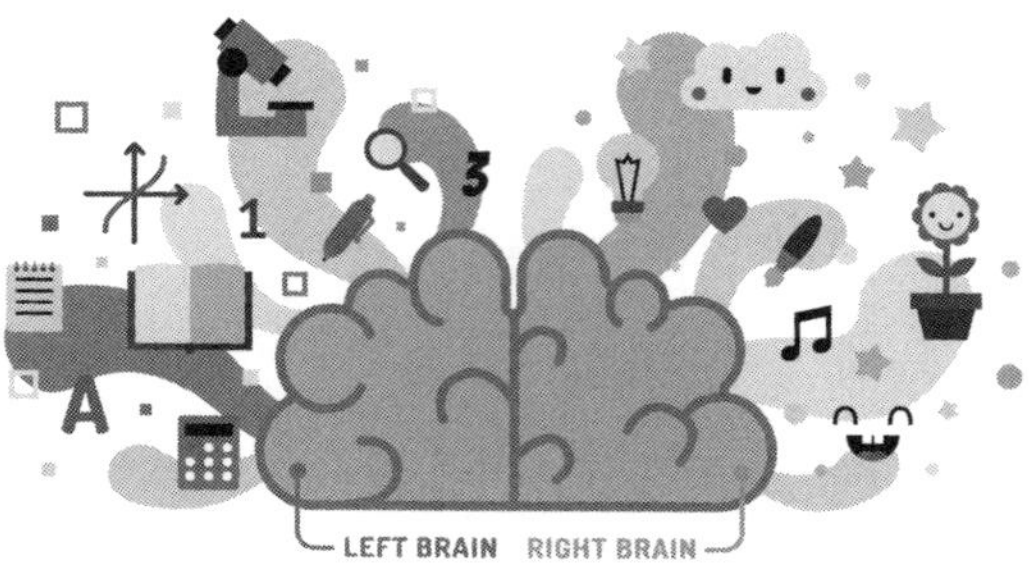

ポイントを絞り、一点突破

力がないのに分散したら勝てない。
私は、住宅（総合力）でなく、
屋根工事（専門性）で勝つと考えやってきた。
集中して挑戦する事が大事である。
誰にも負けないモノを持っている事が、
企業も個人も必要である。
ナンバーワンでなく、ガリバーとなってきた。
弊社の屋根工事業は、
これから中国、アジアへと、面展開をしていく。

近くのモノを捨て、遠くのモノを組み合わせる

三歩先を見る考え方のトレーニング。
現象に惑わされない。
あるべき姿を描き、そこを目標にして考え、行動する。
目の前の事（現象）だけ見ていると、
それに振り回されてしまう。
将来、夢あるべき姿を描き、
それから現実を見ると、進むべき方向が見えてくる。
たまには近くのモノを遮断し、
遠くのモノを見る事が大切である。

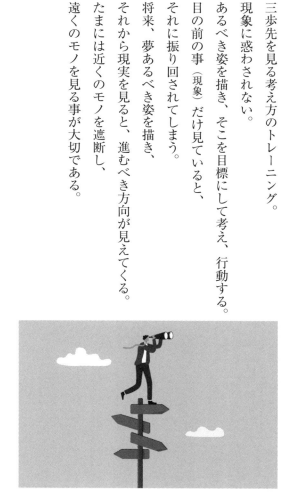

成功への近道。好きになる、信じる

私は海外で事業をする時、
その国や人を本当に好きになり信じる。
信じる事が成功への近道だ。
全ては基本。テクニックではない。
うまくいかなかった時は立ち止まって、
「時代に合っているか」「やり方が正しいか」を、
自問自答する。

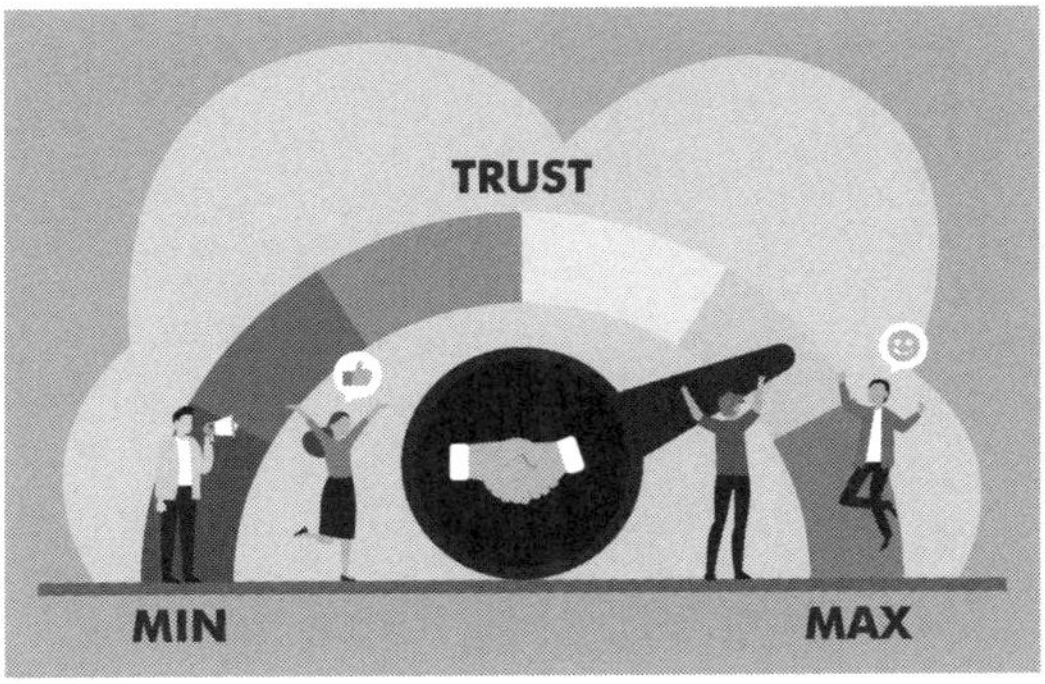

成功のイメージを描ければ、そこまで行ける

要はビジョンを持てるか。人は描いた所までは行けるのだ。必要なのは、構築力。
新しい事を始める時、どうしたらいいかを考える。
例えば家をつくる時、家族構成や土地、資金そしてどんな生活をしたいか考える。
英語で表現すると、一語で分かりやすい。

・Architecture（絵を描く）
・Creation（創造する）
・Systems（システム化）
・Building（建てる）
・Construction（実際につくる）

どれか一つが欠けても家は完成しない。
様々なモノを組み合わせて（構築）完成するのだ。

夢を持っていないと、知恵は出ない

明確な目標、ビジョン。
夢から逆算する。夢や目標は到達点。
これがないと何も始まらない。知見も工夫も。
魅力あるリーダーは、夢を持っている。
夢や目標を実現する為に、知恵やアイディアを出す。
目的と手段を、間違えないように。

創造は頭（理）でなく、心（情）から

心眼が必要である。
心眼とは？
会話も言葉でなく心で話すと通じる。
強い思い。
見えないモノを見る力や、声を聞く力がないと、
心眼は開かれない。
私は言葉（外国語）が十分でないが、
中国をはじめアジアで人づくりやビジネスをしてきた。
常に心を持って接してきたのである。

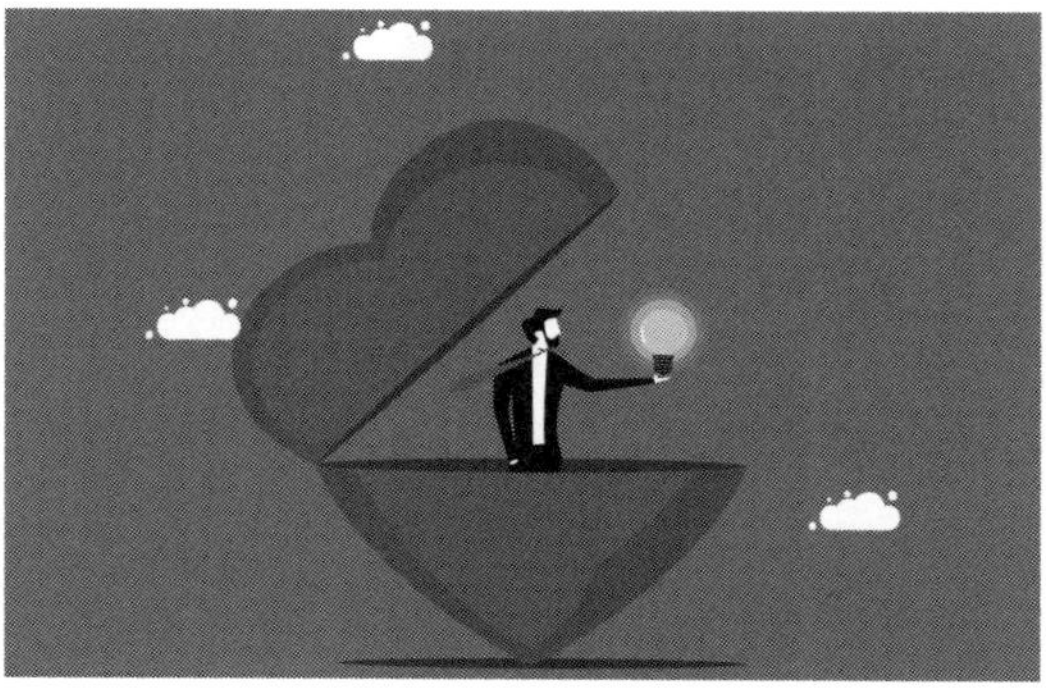

人の行く裏に道あり、花の道

みなと同じでは、勝てない。
多くの人の歩む道は安全だが、つまらない。
常にそう生きてきた、冒険をしてみたくて。
孤独であるが、競争がない。
成功すれば、理は後からついてくる。

前に道なし、後ろに道あり

新しい道をつくろう。
人が歩いた所は道があり、
安全だが、つまらない……。
自分のつくった新しい道は、発見や
新しい価値・文化との出会いがあり、ワクワクする。
新しい道をどんどん進もう。
苦難や挫折もあるが、それがまた楽しく、学びとなる。
全責任は自分にあり、言い訳もできないが、
成功した道は輝き、自信となる。

過去より未来志向

体験、経験でなく明日、未来を。
過去を捨てる、つくれば次。
過去から現在を考えるのではなく、
私は今から未来を考えていく。
過去よりも今と未来に向かって生きたい。
夢があり、明るい明日が待っている。

タテ、ヨコ、ナナメ、東西南北から考える

八方から考えてみよう。
考える時に考え方を一つに絞らない。
タテからもヨコからも
ナナメからも無限にある。
多角的発想だ。
One WayではなくSome Waysである。
トレーニングによって、
この考え方はできるようになる。
道は無限である。

難しければ難しいほど、価値あり

発想の転換をして、
人のできない事に挑戦してみよう。
前例がない時は最大のチャンス。
法律は守るものではなく乗り越えるもの、
と私は何でもやってきた。
体験や経験からは難しいかもしれないが、
前例がない事は新しい道をつくるチャンスである。

知恵に正解なし。他の方法あり

やってみてダメなら次、である。まずやってみる。
やってみないと分からない。
命を取られなければ何でもYes Tryだ。
私は社員に「あなたの失敗で会社は倒産しない。
だから何でもやってみなさい」と話している
（私が失敗したら会社は潰れてしまうが）。
知恵を出す為に「ムダ」や「非マジメ」をすすめたい。
ムダにも、必要ムダと必要ないムダがあるのだ。

ワクワクする提案は、シンプルである

シンプルほど難しい。
センスが問われるからだ。
本質を見抜く力を持たなければできない。
原理原則は身近にあり。
日頃から一語で表す、（一語で人の心を掴める）習慣を。
勉強はその為にする。
一流人はまったくムダがない。
ダラダラ話す事は時間のムダである。

全てを捨てる事から始まる

素より強いモノなし。
どうやって捨てる?
とよく聞かれるが、全てを捨てるのだ。
コップを空にすれば、空いた分新しい水が入るように、
新しい事は古いモノを捨てる事から始まる。
捨てなければ、何も始まらない。
まず常識、固定観念、成功体験から捨てよう。

知恵を出す事より、知恵を使って結果を出す

所用より活用。頭で考えるが、
考えた事を実践して初めて答えあり。
「ハサミ」も使い方によってすごい力を発揮する。
身近なモノを使う習慣も大切。

平凡からは何も生まれない

人と同じ道……平凡。人と違う道……非凡。
平凡がいい人もいるが、私は非凡の道を行く。
勇気がいるが、非凡の道を進みたい。
少数でこそ、光る道があるのだ。
家庭を望むなら平凡を。
成長を望むなら非凡を……と考えたい。

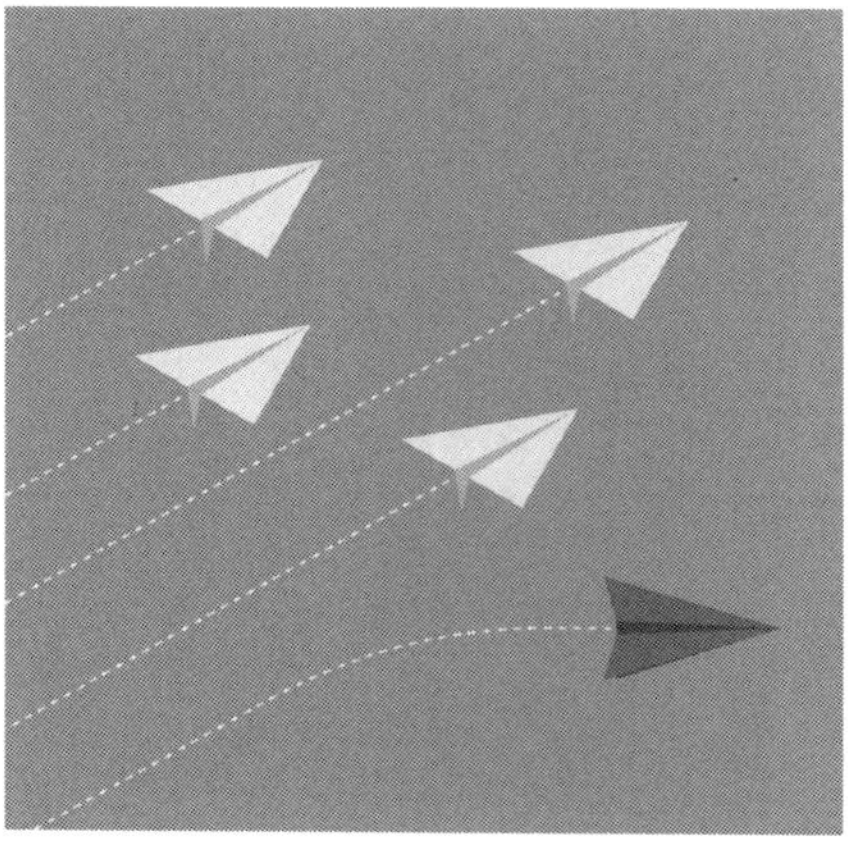

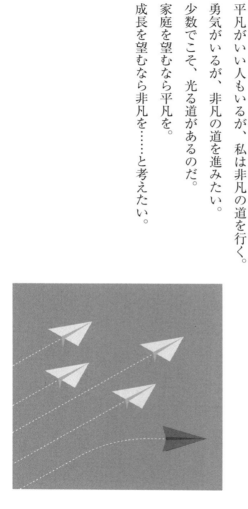

大局的視点（社会目線）

全体から入る。部分では負ける。
目線をまず社会→相手・顧客→最後に自分。
我々は社会の中で生きている。
だからこそ、大きな流れを洞察する事が必要なのだ。
英語でいうとSocial的な視点があると
多くの人から受け入れられる。
本質的、基本的なところで社会目線が最も大切である。

時流を見抜くカン（観、感、勘）

観……見る／感……感じる／勘……頭を使う
カンを磨くには？
（気づきが全て）：出会いを大切に、チャンスを活かす、
そしてやってみる。
よく見る。全体を感じる。
頭を使うと全体や時流が見えてくる。
目と身体と頭のフル回転が時流を掴む。
いつもそうありたい。

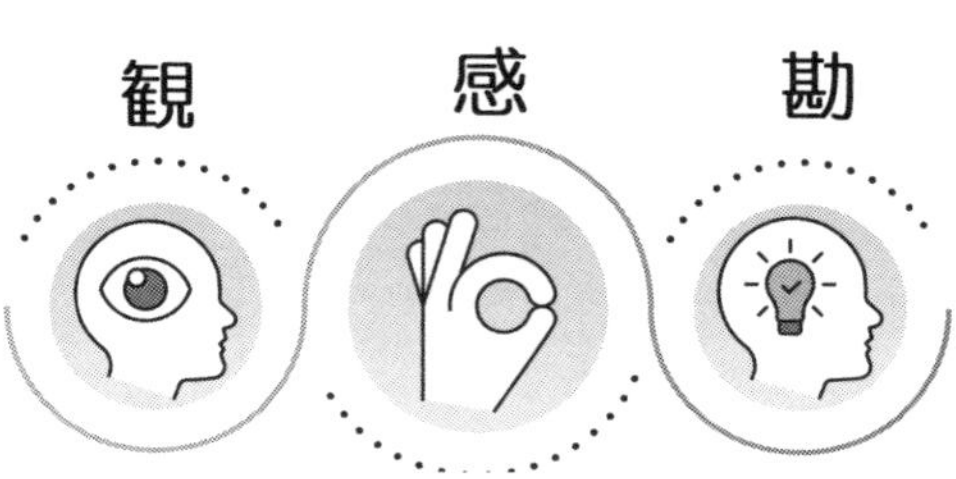

第2章

人づくり50年

全ての原点は人から始まる

農業でも工業でも、
ＩＴ知的産業でも全ての原点は人。
人づくりは時間とお金がかかるが、
必ず花が咲く。
農業社会→工業社会→ＩＴ社会→人間中心の社会。
人間中心とは、健康・環境。
高齢化などの人が中心となる。
人脈があれば、ほとんどの事は可能となる。

GMC（Global Management College）

中国に優秀な人材がいっぱい。大学の講義でこの素材をリーダーにしたい。
40・50歳でリーダーでは遅い。22歳でリーダーに。
世界は全てManagementである。国も、企業も。大学も。
グローバルにManagementできるリーダーを1000人育て、
Human Networkをつくりたい
（人づくりは全コース無料。会社の利益の一部を活用）。

2005年中国でStart。現在38期。500人の卒業生。

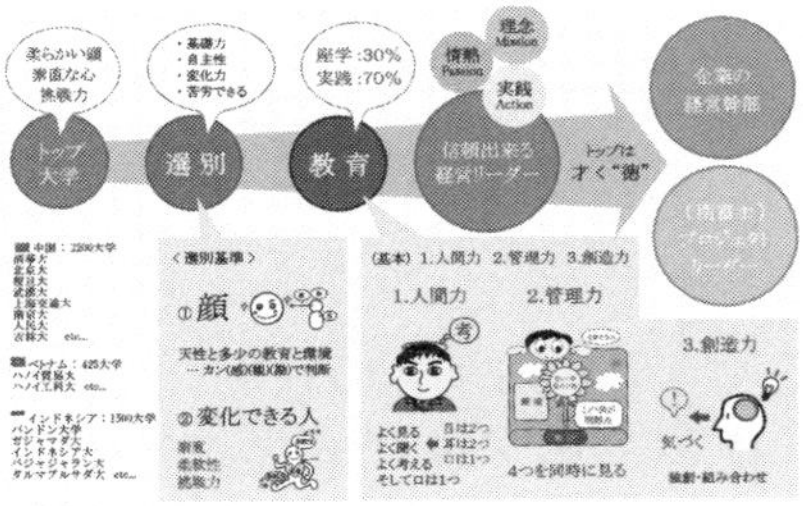

Roof Meister School

ひきこもりが日本に１４６万人いる。この寝ている人を活用したい。
ニート・ひきこもり屋根職人育成プログラム。２０１６年Start。
３ヶ月で一人前のプロとして育てる。
勿論、費用は不要。

潜在能力採用

人の能力は見える、自覚が20～30％、
隠れている才能を引き出す採用。
様々なチャンスを与えてみると、
芽が出てくる。
これを育てていく。

見える、今ある才能でなく、将来花が咲く才能を見つけて人を育てていきます。

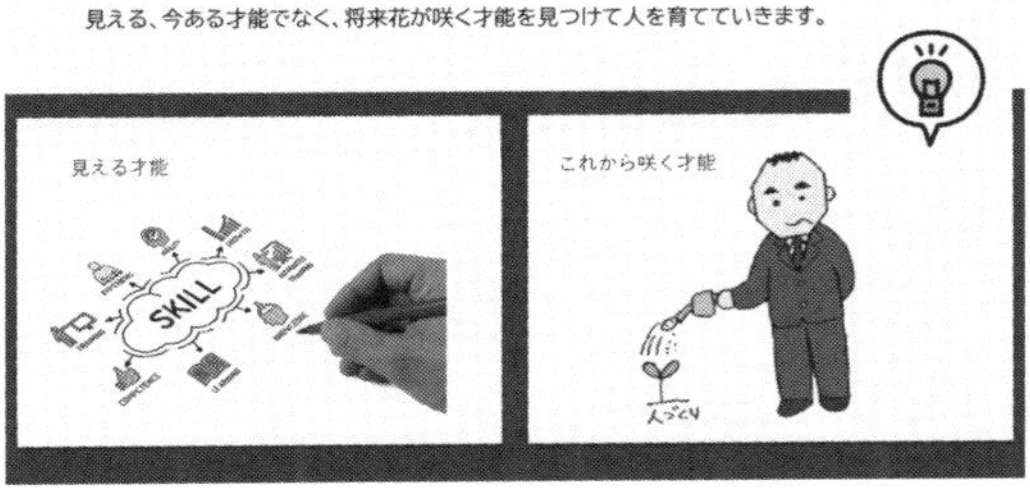

ミニ経営者（営業所長）

若い人にチャンスを与える事でリーダーを育てる。
入社1、2年でリーダー見習いに抜擢。
ミニ経営者として実践で学ぶ。
今、大卒で入社し、1～3年の
ミニ経営者が9名活躍している。
任せる経営の実践版である。

PPD（Pro Pro Director）

当社は、若い所長・リーダーが多くいるが、得意先や一流の職人さんなどのプロと対等に会話ができる人が残念ながら少ない。

強い部門（屋根・外壁工事）をより強くする為には、経験、知識を積んだキャリア人材の協力が欠かせない。

そうした背景から、新しい職制をStartさせた。

若い所長・リーダーの育成や得意先そしてプロ職人との交渉などにあたってもらっている。ＰＰＤの条件は次の三つ。

1．屋根、壁の豊富な知識、経験のある人
2．人間力のある人
3．若者と会話ができる人

現在、４名のＰＰＤが活躍している。

頭の活性化マガジン M-net

TOPが何を考え誰と会っているか、部下に分からない。
TOPの行動の見える化で頭の活性化。
社員の勉強の為に、24年継続。
日本語・中国語・英語で本になっている。
現在12冊目。
毎月8・18・28の3回
（3×12×24年間。864回）。

草の根・日中人材新報

日中人材育成を50年間続けてきた。あくまでも草の根で。

草の根・日中人材新報

2024 新春号
(財)日中人材育成協会

日本の生きる道「人材育成」

福田会長が提言されている。
「単にモノや金を供給するような考え方では限界がある。
日本がもつ強みのひとつが人材育成である。
こうした点に力を注ぎ「お互いに成長していこう」という
姿勢を持っていくことが求められている。むしろ
そこにしか日本の生きる道は無いのかもしれない。」
アジア各国は様々な考え方がある。
民族も宗教も、言語も違う。
一つの考え方を押し付けようとすると対立が起こる。
日本はアジア各国の気持ちを理解できる数少ない国の
一つだろう。
世界に於ける経済的地位が相対的に下がっても、
日本に対するアジアの国々の期待は、今も大きいと感じる。

インドネシアでも「Global Management College」Start

アジア一体化構想のもと、中国を中心とし、インドネシアでも「人づくり」を展開する。

インドネシア No.1 大学　インドネシア大学とインドネシア第二の都市、スラバヤの ITS(スラバヤ工科大学)で、2024 年早々に各大学とタイアップし、経営人材・トップリーダー育成の GMC がスタートする。

両大学の学長も趣旨に賛同して頂き、一緒に人づくりが今年から始まる。

(GMC は 2005 年、中国・武漢でスタートし、今 37 期)

インドネシア大学打合

ITS 大学打合

(参考)
中国（人口 14 億人、平均年齢 38.4 歳、巨大な市場）
インドネシア（人口 2.7 億人、平均年齢 29.6 才、16000 島々、豊かな労働力と資源）
日本（人口 1.2 億人、平均年齢 48.7 歳）

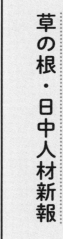

一般財団法人 日中（アジア）人材育成協会

80歳で引退するつもりが、中国の張総経理の文章で……そこまで期待されるのなら
……「80にして挑む」事にした。
会長に元日本国内閣総理大臣でおられた福田康夫先生を迎え、
日中（アジア）人材育成協会を発足。グローバル化やデジタル化が加速する今、
従来の歴史観や価値観を超えた 真のグローバル人材を育て、
日本・中国そしてアジアの発展を目指していく。
50年行ってきた私の人づくりが、
パブリックとなった。
人を育てる事が、
アジア一体化の架け橋となれば、
望外の喜びである。

人づくりは全て無料

◆10年先を見て、人を育てる種まき
◆お金を取らないは、信頼となる
お金をもらうとそれに頼ってしまう。無料は自由に教育できる。
人づくりが全ての原点であり、目標である。
人を育てる為にはお金がかかる。
手段としてビジネスを行い収益を上げ、
その一部を人づくりにあてる。
これは、全社員で人づくりをしている
という事になる。
目的が人づくり、手段がビジネス。

人づくりは時間とお金がかかる（経費ではなく、投資。種まき）

杉山さんの趣味は何ですか？
と聞かれたら「人づくりです」と答えている。
自分の趣味と考え、継続してきた。
人づくりは最高の種まき。種をまけば芽が出る。
50年間中国・アジアで無料で人づくりを継続すると、
見えない「無形資産」となる。
これは大きな財産である。
種まきをしてきて本当に良かった、と思う。

人づくりは Human Network。人脈となる

人と人が出会う事でチャンスが生まれる。
ラストは Human Network
人生は出会いで始まる。
多くの人との出会いが、
私を育ててくれたと実感している。
Face To Face の出会いこそが、
人生であると思う。
机の前やパソコン、スマホだけでなく、
外に出て人と会う（現場に行く）事が
人を育ててくれる。

出会った人をファン化する

毎日、毎月、毎年、多くの出会いがあるが、
全てが繋がる。
出会った人をファン化できたら最高である。
Give, Give, Give, そして感謝、Takeであると思う。
自分に魅力がなければ人は寄ってこない。
来ても1回限りで次がない。
魅力ある自分づくりが、ポイントである。

人は「環境とチャンス」で育つ

教育では人を育てる限界あり。
環境とチャンスで人は育つ。
チャンスは貯金できない、
待ってくれない。
そして環境を変える事で人は育っていく。
私は「気づき」と「チャンス」を
与える事しかできない。
それを活かすも殺すかも、
あなた次第である。

要はリーダーを育てる

人が2人以上集まればリーダーが必要。
国家も企業も全てはリーダー次第。
待っていてもリーダーは育たない。
「柔らかい頭」「素直な心」「挑戦力」があれば、リーダーになれる。
GMCはその代表である。
特に、「素直な心」が一番大切である。

学ぶとは新しい事に挑戦する事

学ぶとは本を読む事でなく、挑戦する事。
挑戦して成功、失敗から学ぶ。
若くても、年老いても、一生学ぶ事である。
学校を卒業してからが、本当の学びのStartである。
教科書もなければ、正解もない。
だから挑戦する人としない人の差が出てくるのだ。

覚えるのではなく、学ぶ（考え）習慣
（Teach ではなく、Learn）

Teach	と	Learn
教える	⟷	学ぶ
教科書	⟷	先生なし
答えあり	⟷	道なし
覚える	⟷	気づく・考える

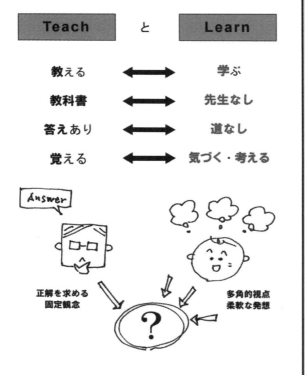

一芸のある人を育てる

パーフェクトな人はいない。
何か一つでも誰にも負けないモノを
が理想であるが、
「考える」「スピード」「実践力」
何か一つ身につけたい。
「明るい笑顔」「いつも元気な人」でもいい。
ズバ抜けたパワーが求められる。
評価は自分自身ではなく、周りがしてくれる。

人間力教育（感謝）（徳）（素直な心）（学ぶ姿勢）（顔）（知性）（目2耳2口1）

人は才能より人徳である。
人間力は感謝からStart。
正解のないテーマであるが、
大きな夢（目標）を持ち、
一歩一歩前進していく事である。
人間的魅力を身につければ、
世界どこに行っても大丈夫である。
顔を見れば、大体は分かる。
顔は誤魔化せないのだ。
感謝をし、徳を積み、素直な心を持ち、
常に学ぶ姿勢があれば、自然とそれが顔に出てくる。

顔　目2・耳2・口1

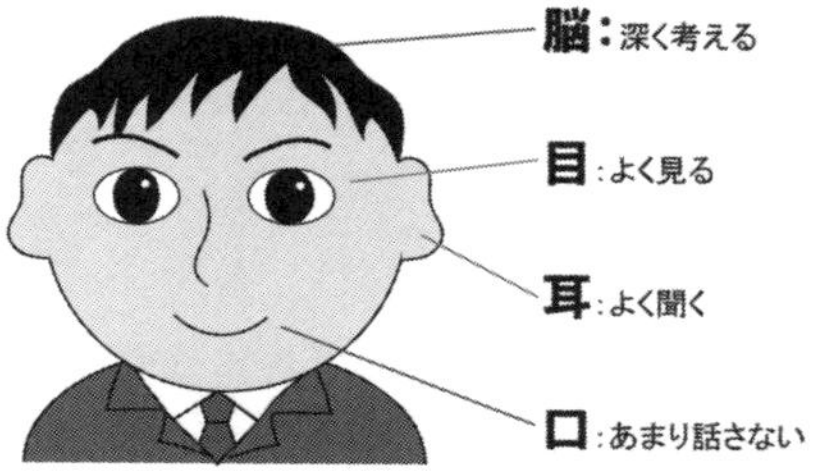

興味を持てば人はドンドン成長する

興味や関心を持てば人は成長する。
赤ちゃんを見れば分かる。
すべての原点は好奇心である。
意識を持って、様々な事に挑戦すると、
ヒントにいっぱい気がつく。
正解はないが、やってみる事である。
走りながら考えるのも一つの生き方である。

教育とは、共に夢を語る事

教育は話す事ではない。
夢を共有する事である。
暗い時、苦しい時、大変な時に、
夢に出会えると道が拓けてくる。
夢にも二つある。
将来の大きな夢と当面の夢である。
教育とは、大きな夢と直面する課題解決の二つを
同時に語る事である。
今は苦しくても明日は希望が持てるとなると
イキイキとしてくる。
夢を語れない人は、人を育てられない。

成長する人は「素直な心」「柔らかい頭」「挑戦力」のある人

ＧＭＣの入学条件がこの三つ。
この三つがあれば人は成長する。
知識の量や学力よりも、
この三つが必要不可欠である。

素直な心…無限の可能性・新しいモノを吸収する能力。
柔らかい頭…固いモノは壊れてしまう。柔軟に対応する力。
挑戦力…理でなく実践で人は成長する。失敗もまた、肥やし。

第3章

経営とは

経営はシンプル

数値（In Out）とInnovation

経営は数値（入る金・出る金）。壁にぶつかったらInnovation。

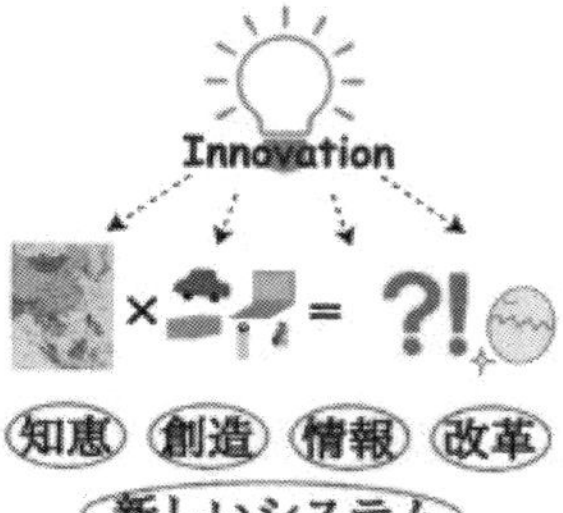

新規事業

攻めながらいつでも撤退できるように。
新しい事に挑戦すると、
成功する確率と、
失敗する確率は50：50。
いつでも方向転換できるように。

マーケット・イン経営

人のいる所に市場あり。魚のいる所でビジネスや人づくり。

（東京圏）（新市場開拓／中国、アジア）

強いモノをより強く

良い仕事は競争相手が増える。
ナンバーワンにもオンリーワンにも
できないビジネスはするべきではない。

ナンバーワン・オンリーワン経営

（Gulliver 経営）

強くなければ勝ち残れない。

Gulliver になれば Best。

デジタル化時代にアナログで生きる経営

世の中全てデジタル化。
人の行く裏に道あり、花の道。
衣食住の住。
屋根は生命と財産を守る。

稼ぐ力

ビジネスである以上稼ぐ力（収益）がなければ存在できない

（Gulliver屋根工事事業）

少数精鋭

（少数が精鋭になる）

精鋭を少数集めるのではなく、少数だから精鋭となる。

実践経営

（失敗を恐れない挑戦する経営）

経営学は大学で学べる。

しかし経営は実践でしか学べない。

Yes Try経営

（挑戦経営）

何でもやってみる。
失敗からも学べるし、成功すれば自信となる。
全員反対は成功への近道。

能力主義経営

能力ある人が経営すべき。そしてチャンスは平等に。

（男女、学歴、国籍、経験でなくチャンス平等）

現地化経営

海外で最大の問題は日本人。
現地の人を育て、任せる経営がBest。
（人を育て、その国の人に任せる）

人を育て、任せる経営

（中国、アジア）

優秀な人はどこにもいない。人を育てる事が第一歩。

中国、アジア一体化経営

（その中の一つに日本あり）

中国人口14億人。インドネシア人口2・7億人。

理念経営

（価値観の統一。８つのルール）

考え方がバラバラでは役立たない。理念だけはどこの国も統一。

人マネしない、されない経営

人のやらない事をビジネス化すればマネされない。
（差別化経営）

Innovation 経営

（0→1ビジネス）（なければつくる）

知的資産経営で花が咲く。

実践的・
知的創造
杉山定久
SUGIYAMA SADAHISA
イノベーションは
誰にでも起こせる
クリエイティビティを鍛えて
社会を、世界を、未来を変えよ！

竹林経営

一つの幹から芽が出るのではなく、
新しいビジネス創造を。
竹林のようにドンドン新しい芽を
育てる経営を行ってきた。

54321経営

逆転の発想。
何でも1からStartではなく、時には5から。
逆転の発想を。

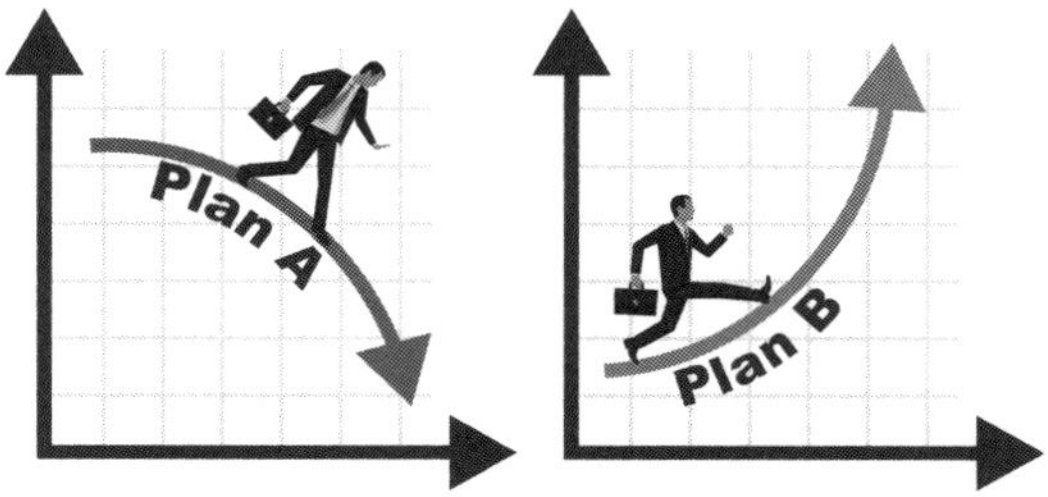

Scrap & Build 経営

（基本は変わらないがやり方はドンドン変えていく）

良いと思えばやってみる。

うまくいかなければ撤退。

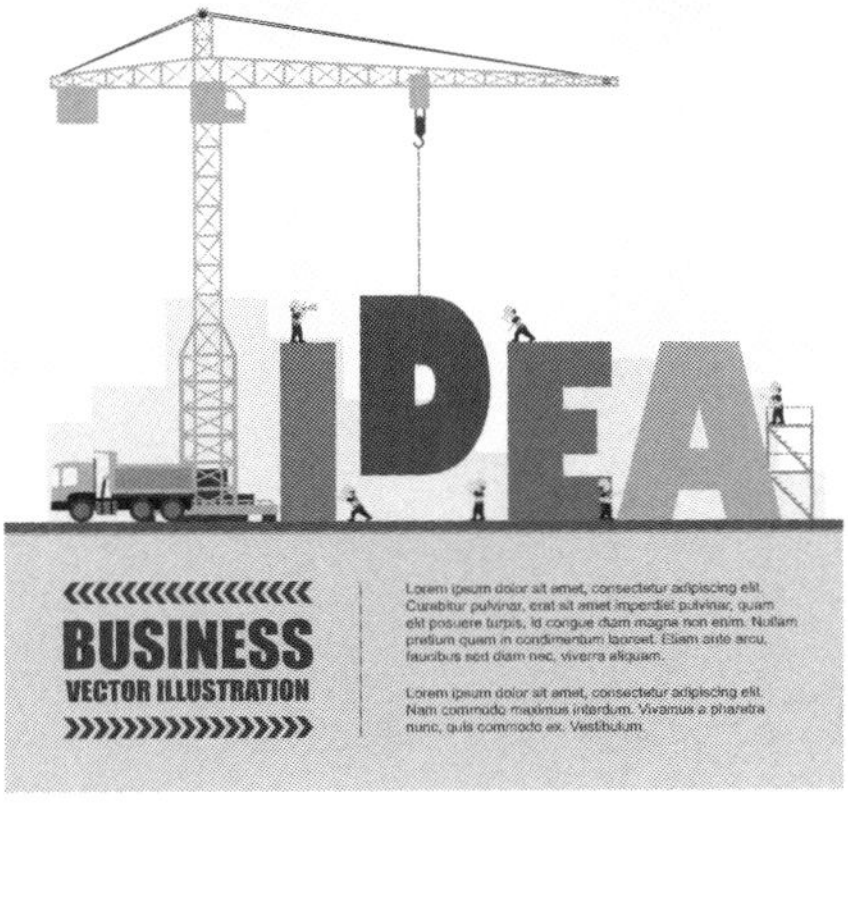

Chemistry 経営

ポケット（知識・体験）が
最低３０００ないと知恵が出ない。
私は３０００のポケットがある。
３０００×３０００で
９００００００のアイディアが出る。
ポケットとポケットを掛け合わせて、
知恵の化学反応を起こす。

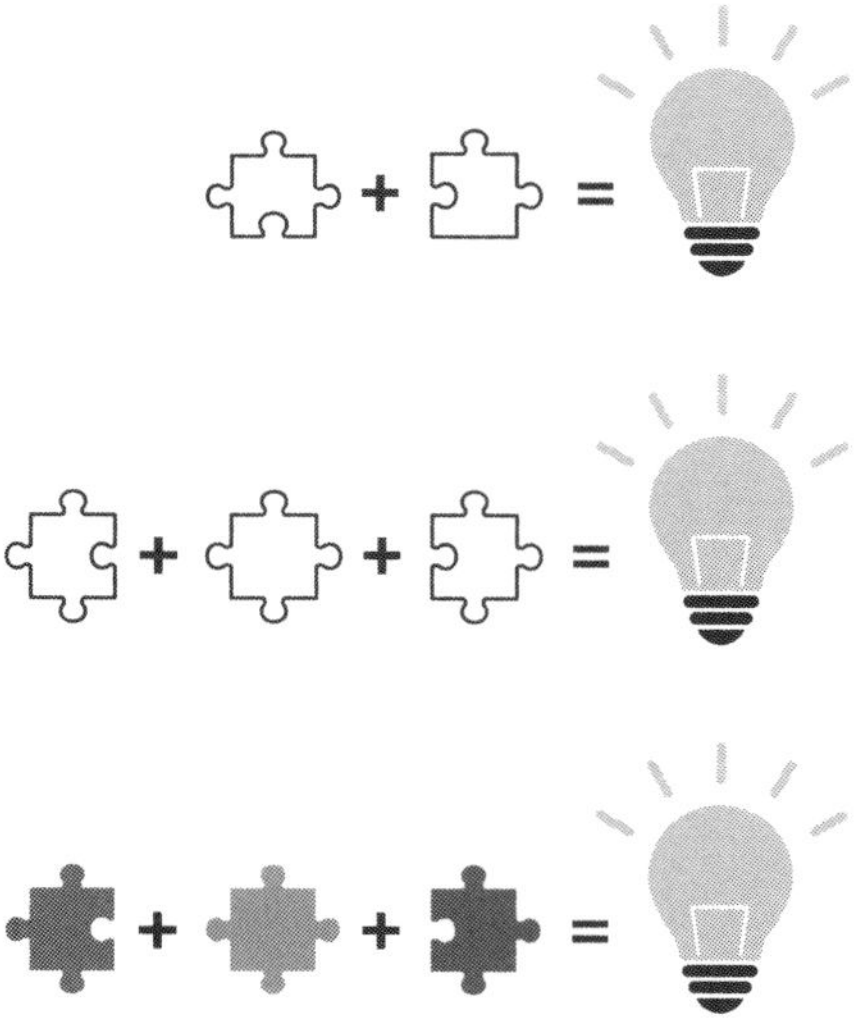

知的資産経営

（知恵、情報、Network、人脈）（Taxも輸送費も、為替も不要）

無形資産を活用したビジネスと人づくりは、大きな花が咲く。

持たない経営

資産を持たず、知恵を持って。
ないから持たない経営かもしれない。裸が一番強い。

二刀流経営

（ビジネスと人づくり）

野球の大谷翔平選手と同じ。
やればできる。

種まき経営

（三歩先を見て投資）

現象（今）からStartしたらいつまで経っても変わらない。

三歩先（目標、夢）からStart。

時代到来経営

種をまき、水と太陽を与えれば花が咲く。
（種まきが花を咲かせてくれる）

Network 経営

一人や一つでは限界。これからはWe Networkの時代。

（屋根工事。アジア一体化。Humen Network）

第4章

情報とは

情報は発信しなければ入ってこない

情報が欲しい人ほど発信なし。Give, Give, Give, そしてTake。

私は本の出版が18冊。

メールマガジン「頭の活性化マガジンM-net」が月3回配信を24年間。

講演も多数行っている。

このように、情報発信を今も続けている。

様々な情報が日本から、
中国・アジアから、世界から入ってくる。

本書を書くのも、
中国からの一通のメールがきっかけである。

新聞・テレビ・SNSの情報だけでなく、
生の情報が欲しい。

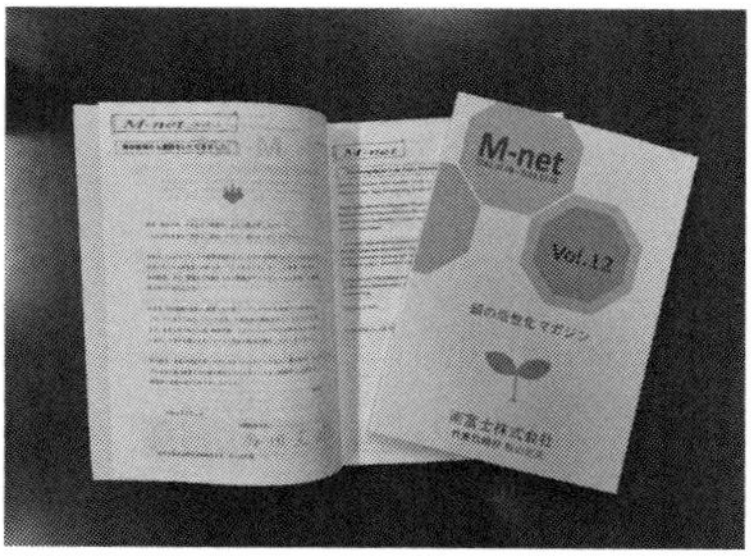

自分の目で見たモノ、肌で感じたモノを信じる

新聞、テレビ、Net情報を鵜呑みにしない。
情報はみな加工される。
海外で日本人に会うと、
事実を自分の価値観で判断して話してくる。
私が欲しいのは、加工されていない生の情報である。
自分の足を使って得た情報は、価値がある。
外に出て人に出会う事こそ、最高の情報である。
人生は出会いである。

現場からの生の情報は価値あり

壁にぶつかった時、ヒントは現場にあり。
人間は自分に都合の悪い情報は、
隠したりごまかしたりする。
動物や植物、自然は嘘をつかない。
私の先生は、動物や植物である。
机上の情報や頭で考えた理の論理では、限界がある。
しかし、現場には生の情報が活用してくれと、
待っている……。
現場に、足を運ぼう。

表（加工された）情報と裏（生）情報

本質や生の情報を得る手段を。
簡単に入手できる情報に価値なし。
表面に出てくる情報と、
本当の生情報には天地の差がある。
情報も大切であるが、
最も大切なモノは情報源（人）である。
生の情報は入るには入るが、
入らない人の方が多い。
生の情報を持っている人（情報源）を大切にしたい。

情報をまとめてみると流れが分かる

メモ、見える化。紙に書いて貼ってみるとよく分かる。
情報もバラバラでは価値が低い。
紙に書いてみると、大きな流れが見えてくる。
紙に書いて貼ってみると、より鮮明になる。
情報も、生きている。

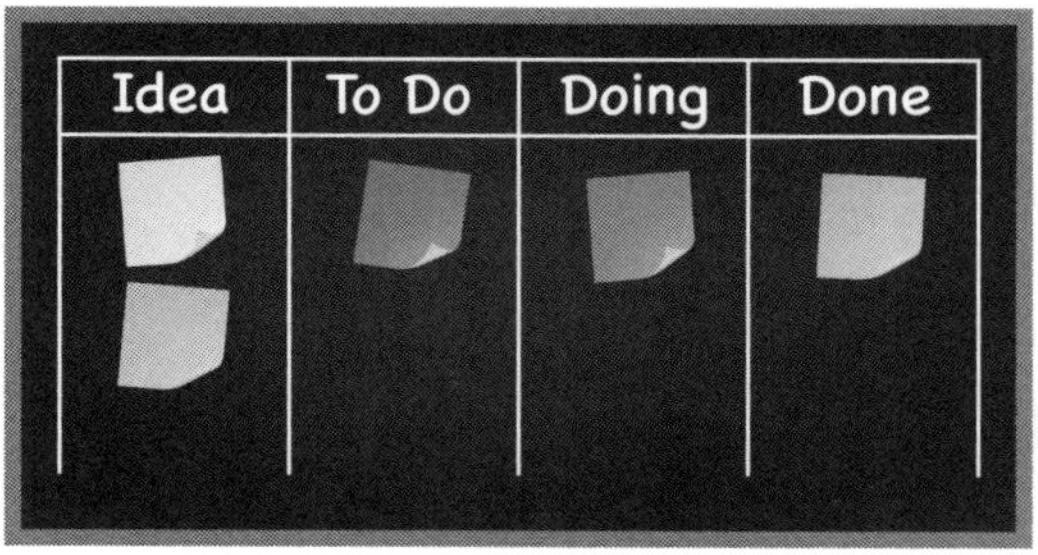

知った情報の裏にある本質を知る、見抜く

情報を鵜呑みにしない。必ず何かがあると考える
本質を知る洞察力が必要である。
洞察力はどうして身につけるか？　読書である。
同じ本を1回読むと、書いてある事が分かる。
同じ本を5回読むと、
書いてはいない著者の意図が見えてくる。
そして、洞察力が身につく。

感度が悪いと情報は素通りしてしまう

感度を磨くには？　頭はフル回転。
三つのカン：観・感・勘。
人間には、目が二つ、耳が二つある。
口は一つである。
よく見る、よく感じる、
よく頭をはたらかせる。
そうしてセンスを磨いていく事である。

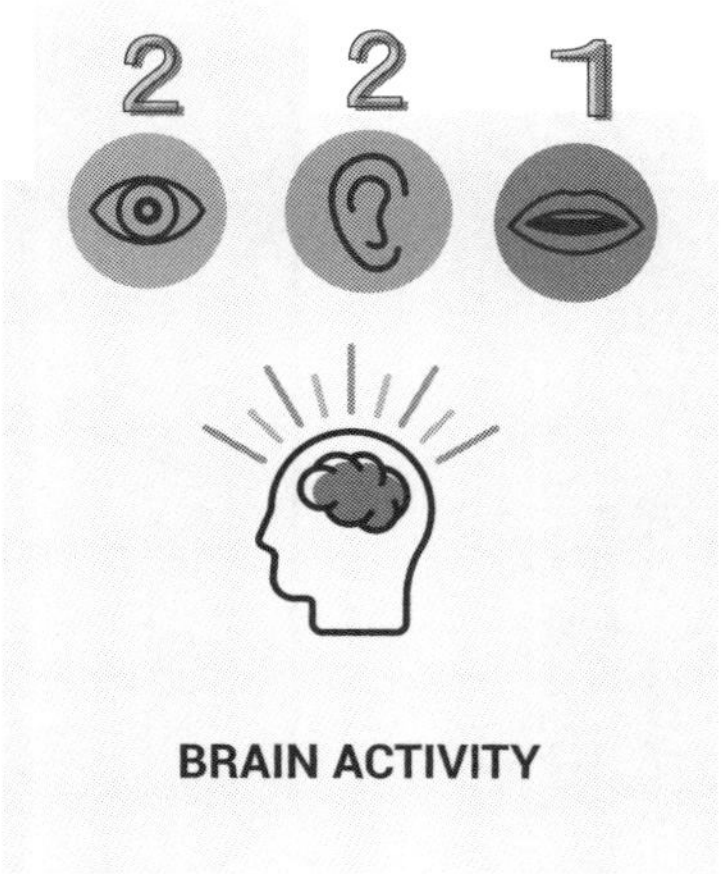

目が二つ、耳が二つ、そこから情報が入ってくる

よく見る、よく聞く…見えない深層や声なき声を聞く人間がリーダー。
見えないモノを見る力や声なき声を聞く為には、
日頃のトレーニングが大切である。
さっと全体を見る。雰囲気を感じる。
各人の顔色や目の輝きを感じるトレーニングをしよう。

「誰と会うか」によって情報は大差となる

自分が一流でないのに一流の人と会うと満足。
しかし相手は不満足。教養が必要。
昔、文化財の保護委員をした時、
偽物と本物の区別ができなかった。
委員長に「どうしたら区別ができますか?」と、質問した。
委員長は、「人でも、書画でも、骨董でも、食べ物でも、
いつも一流と接していれば、
二流と会った時に即座に区別がつく……」と。
「一流と接しなさい」と諭された。
それ以来、自分を研《みが》かなければと実感し、実践している。

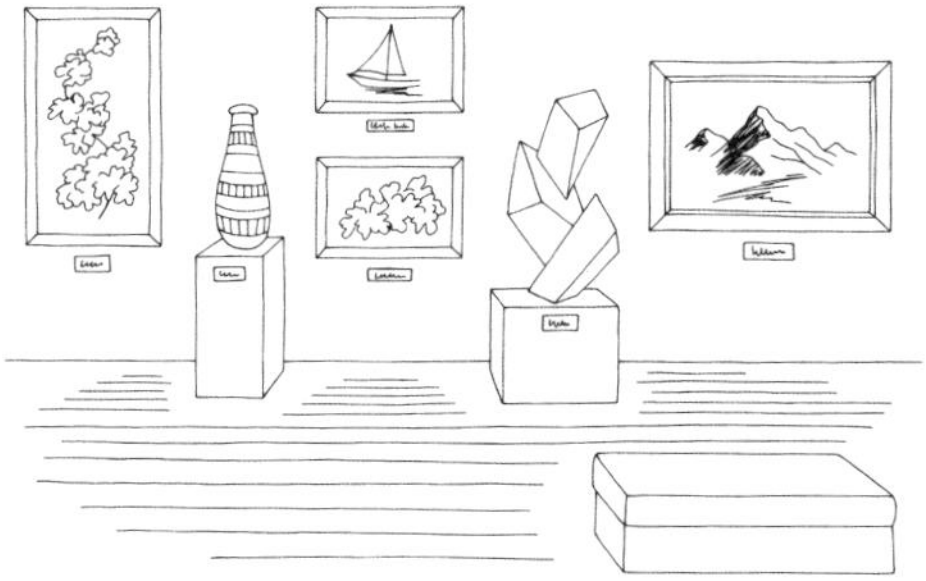

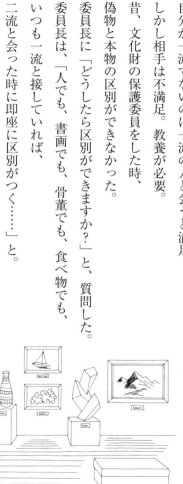

情報は得る事でなく、得た情報をどう活用するかである

集める為の努力より、集めた情報の活用。
自分に魅力があれば情報はドンドン入ってくる。
この人にこの情報を入れても情報は活きない……。
と思われたらお終いである。
まず魅力ある人、いつも輝いている人でありたいし、
そうでなければならない。
そして、情報を活かせる人でありたい。
魅力があれば、様々な情報が入ってくる。
世界中から……。

多角的（中国、日本、アジア）発想が今求められている。一つだけはNO

物事を行う時、「ヒト」「モノ」「カネ」と言われている。
しかし今は、次の六つが追加されてきた。
私は今、「６Ｋ」の時代であると思っている。
それは、「健康」「環境」「高齢化」「国際化」「教育」「コンピューター」である。
アジア一体化時代の到来である。

第5章

捨てるということ

過去は捨てて、今と将来に向かっていく

過去から今でなく、今から未来に向かって生きていく。
その為に過去は捨てる（忘れる）
過去も大切であるが、
それ以上に今と未来が大切である。
過去をベースに考えると、将来まで到達しない。
将来（夢）を見て、
今をStartすると大きく成長できる。
過去ではなく、未来に生きよう。

成功体験も捨てる

成功に捉われると成功体験に縛られる。
成功したら、次へ。
成功したら第一巻は終了である。
成功したら、思い切って捨てる。
そこから新しい第二巻が始まる。
私も木材、住宅、屋根工事、人づくり、中国アジア……と常に変化している。
成功はポケットにしまい、必要な時に引き出せばいい。

捨てた分だけ新しいモノが入ってくる

本当に大切にしないといけないモノは何か？
常識や過去を捨てると将来が拓けてくる。
コップの水も同じであるが、
捨てた分だけ空きができ、新しい水が入る。
捨てるには勇気がいる。
しかし、捨ててみると簡単である。
過去の価値観でなく、
未来の価値観で物事を判断するといい。

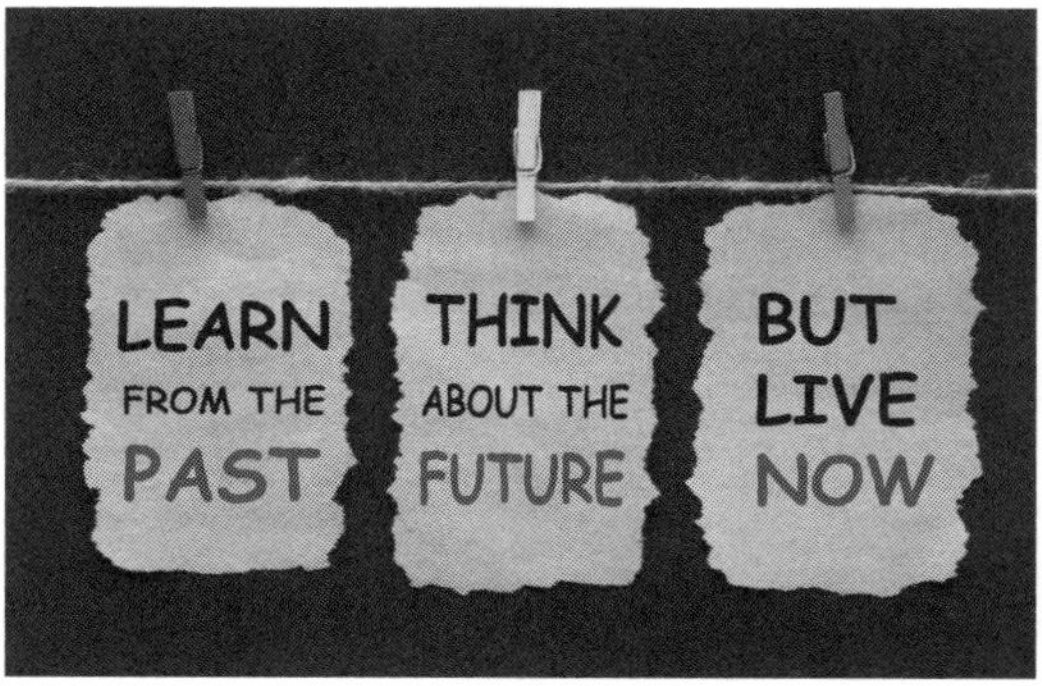

命は捨ててはならないが、命と向かい合った時、人は変わる

大病や死と向かい合った時、人は変わる。
一語で開き直れる。
多くの人と出会ってきたが、
順風だけではダメだと感じる。
逆風の時こそ、人の本領が発揮される。
ピンチはチャンス、とも言える。
大変とは大きく変われる、変わる事である。
死を目前にした時、変われない人はいない。

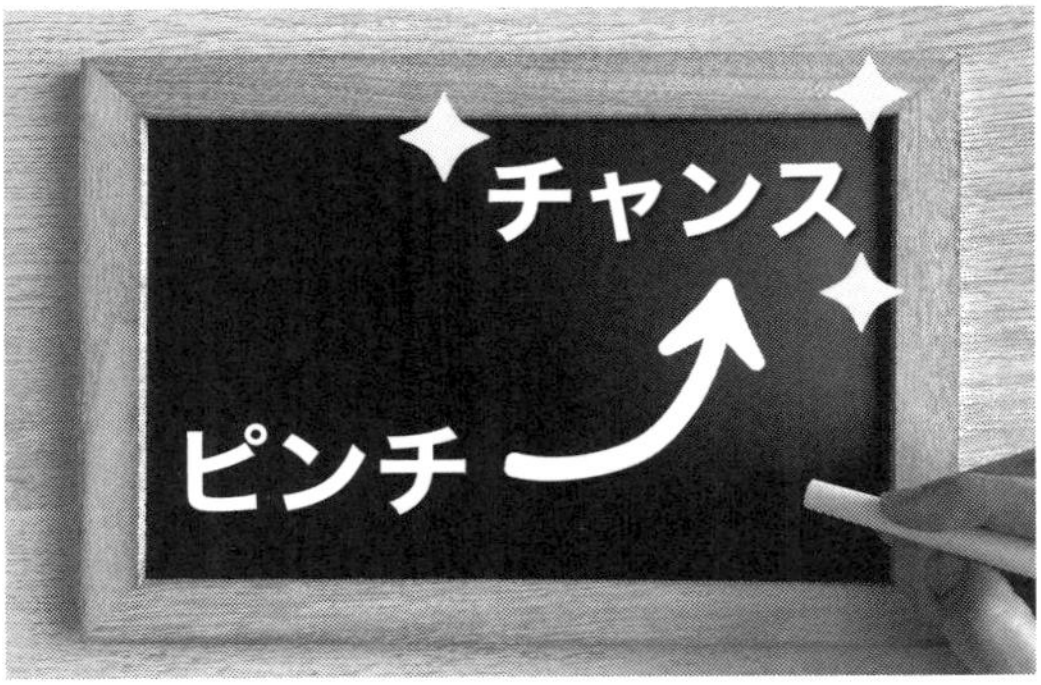

ドンドン価値観が激変している。思い切って捨てる

勇気がないと捨てられない。
捨てる事ができる人は明日がある。
自分に自信がないと、
従来の価値観にしがみついてしまう。
社会が変化する時、
自分も変わらなければそれで終わりである。
法律も守るだけでなく、
たまには乗り越えてみると、
新しい世界が見えてくる。

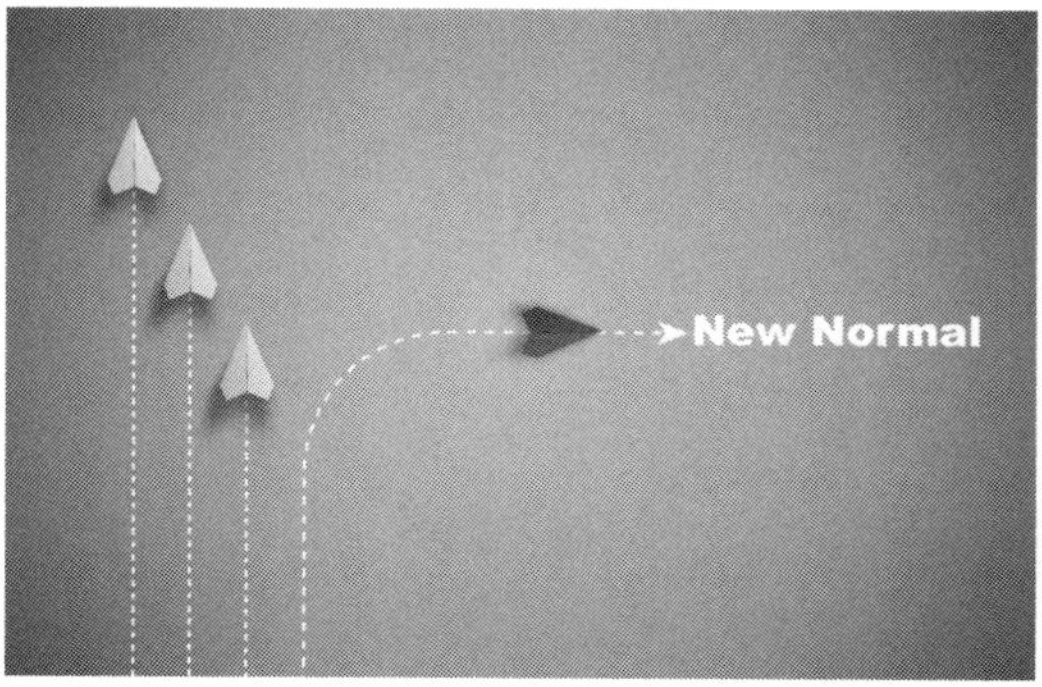

コップの中に水がいっぱい入っていると、新しい水は入らない

まず捨てる事からStart。コップの中だけでは小さい。
みんな捨てたらいい。
自分の町の地図だけでなく、
日本地図・世界地図で物事を考えると、
コップの中で考えていた小さな自分に気づく。
コップに30％の水が入っているとしよう。
水が30％しか残っていないと思う人と、
まだ30％残っていると思う人といる。
要は、考え方一つである。

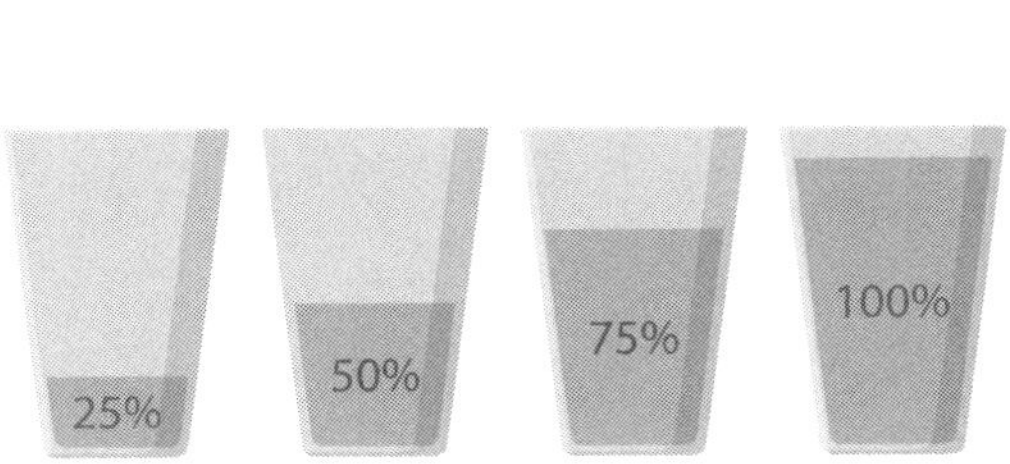

「捨てる勇気」が必要

捨てたいと思うが捨てられない。捨てる決断・実行こそ大切。
分かるができない人が多い。これは、分からないのと同じである。
新しいモノが他にあると思うから、捨てられる。
新しいモノが他にないと思うと、捨てられない。
捨てれば必ず新しいモノが入ってくる。
その為の努力や工夫もする。そして人は育っていく。

Scrap&Build（変化するモノだけが勝ち残る）

良いと思えばやる。ダメなら撤退。
今の時代の基本。
Scrap&Buildの基本的思考は、
本質を知る（洞察する）事である。
現象で判断してはいけない。
もう一つ、誰が担当するか、人を見る事である。
人の判断を間違えては、ダメである。

人を代える、やり方を変える、システムを変えると新しい芽が出てくる

変えるには勇気が必要。
何もしないよりやってみると良い結果が出る。
チャンスという言葉でもある。
実践して失敗しても、それは次に活きてくる。
しかし、何もしなければ、また同じ事が起きる。
一つのチャンスと捉え、挑戦する事がBestと確信する。

優先順位を変えると全てが変わる

弊害は常識、固定観念。
長い人生の中で、
自然と今までの常識が判断基準となっている。
良いものをＮＯにし、
ＮＯだったモノをＯＫにしてやってみると
新しい発見がある。
何が優先順位の一番なのか……？
固定観念は弊害である。
社会の動き、社会目線をもう一度見直してみると、
優先順位も変わる。

三つ残し、あとはみな捨てる

大切なモノを三つ残し、あとは捨てる。
レポートや報告書、企画書もいっぱい書いたら、
何が大切か分からない。
シンプルに、そしてできたら絵や写真つまり
Art Managementが分かりやすい。

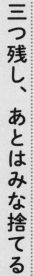

努力してもダメな場合（時代に合っていないかやり方が悪い）

シンプルに考えると道はあり。
どんなに努力してもうまくいかない時がある。
こんな時、
①この事業は時代に合っていない。
　つまり目的が時代と合っていない。
②やり方、方法が悪い。担当者が問題。
思い切って決断し、エネルギーを他に向ける事がBestである。
私も、木材事業そして住宅事業……と学ばせて頂いた。

法律は守るモノでなく、乗り越えるモノ

守るでは弱い。破るはまずい。新しい価値観で。
法学部の学生に講義する時、
「法律は守るモノでなく乗り越えるモノ」と言うと、
学生たちは目をパチクリさせる……。
新しい会社苦や新しい土俵をつくる事で、
法律が生きてくる。
ただ守るだけでは、ダメである。
法律にもInnovationが必要である……。

第6章

常に気づきを持つ

常に全体を見る、現象に流されない

社会の中で生きている。まず社会目線。現象は今だけ。
まず現象が目に入るが、
それに焦点を当てると現象だけで終わってしまう。
現象の裏にある本質を見抜かなければならない。
現象と見えない本質の二つを同時に見る思考が大切である。
トレーニングによって身につく、同時複数思考である。

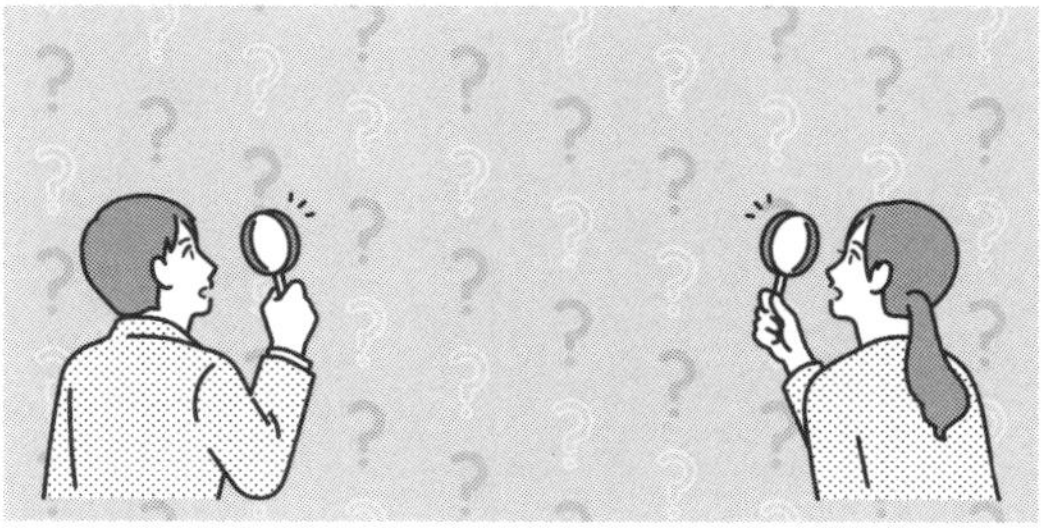

三歩先から今をやる

今（現象）からStartすると先はない。
三歩先を考えて今からStart。
現象は誰にでも分かるし、理解しやすいが、
それだけである。
現象の進む先はどこか？　どこが到着点か？
ちょっと先を考えると方法はいろいろある。
もう少し先（一歩先）だけでなく、
その先（二歩先）はどうなるか。
最終目的地（三歩先）は……？
考える楽しみも出てくる。

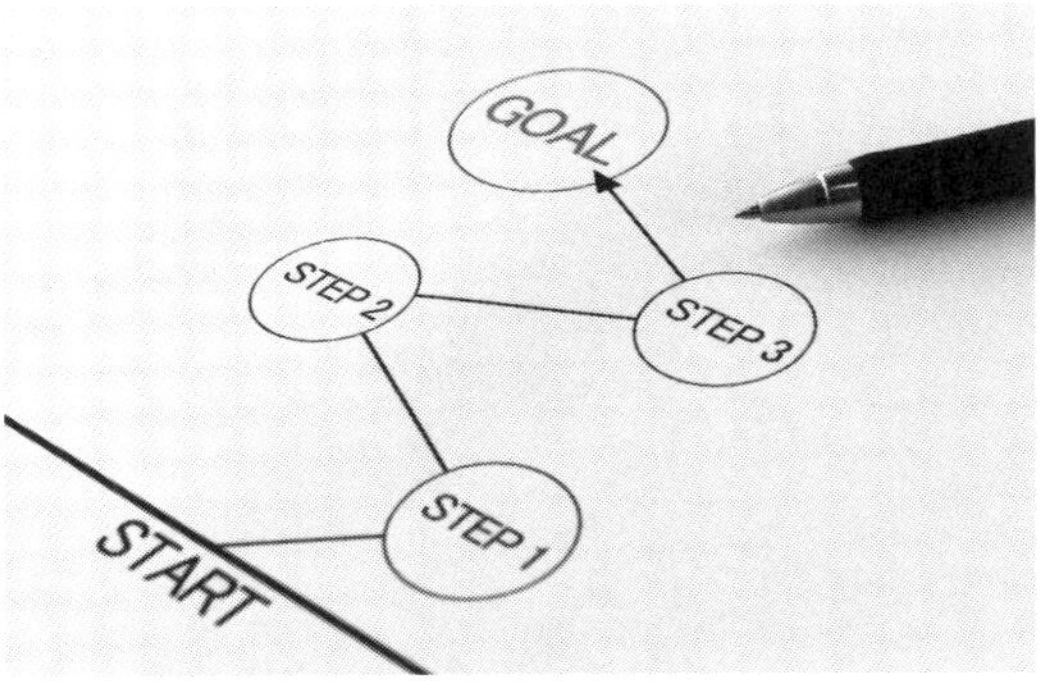

紙に書いて貼る。整理する

思うだけではすぐ忘れる。
書く事。
その書いたモノを見える化すると常に忘れない。
書く為には「まとめる力」
「余分なモノは捨てる力」が必要である。
書いたら忘れ、次の事を考えられると、
効率的である。
できたら自分の意見だけでなく、
相手の求めているモノを書ければ、
Bestである。

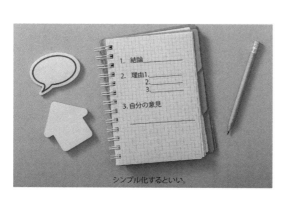

シンプル化するといい。

問題意識を最低でも5個は持つ

課題（問題）のある人生は楽しいし、生きている証拠。
課題を解決すれば道は拓ける。
課題を持って人に会ったり、行動したり、
読書をすると気づきがいっぱいある。
課題がないとそれで終わってしまう。
様々な課題を複数持つと、
相互にそれぞれが刺激し合い、新しい発見となる。
マイナス×マイナス＝プラスである。
課題は、人を成長させるステップである。

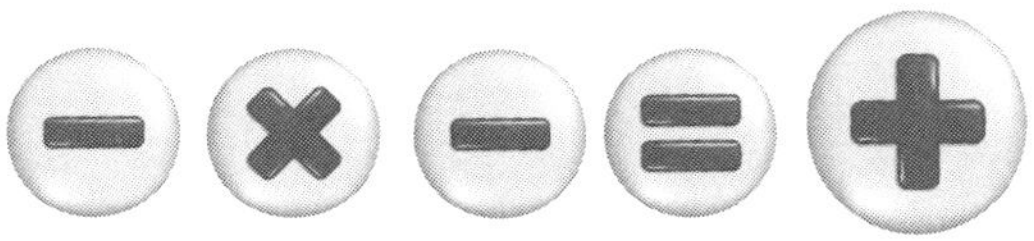

人を見るのは顔（目）

人の顔はごまかせない。
顔（目）は口以上にその人を表している。
心の中、頭の中を見たいと思うが、
残念ながら見る事はできない。
見えるモノは、二つ。
一つは、人の行動（何をしているか）。
二つ目は、顔である。明るい顔、暗い顔、不安な顔、
イキイキとした顔、何かを求めている顔……。
国際化する時、言葉で理解しようとしても
１００％は無理である。
顔つまり目で判断すると、正解でなくとも外れない。

さっと見るトレーニング

あまりじっと見ていると、変に思われる。
事前に伝えておくと、建前しか分からない。
その今の雰囲気を瞬時に掴めれば、全体が分かる。
さっと本質を見る力を、身につけたい。

比較してみる、考える習慣

考え方もいろいろあるが、
いろいろなモノと比較してみると分かりやすい。
国別、過去、何人かの人など、
太っている、痩せている。
元気な人、元気のない人。
比べてみると一目瞭然である。
単体で見ると判断が難しい。
絵とか写真にしてみると、
非常に分かりやすい。
Art In Managementもその一つで、
経営を絵・マンガで表す手法である。

☻伝達…心と数字と絵は世界共通語
→伝達手段・コミュニケーション
☻発想…これからの経営は管理＋創造
→絵を使う＝想像力使う→右脳活性→発想！

<左脳>	<右脳>
過去	未来
記憶	イメージ
論理	感性

自分の関心の幅を社会の関心の幅に

自分の関心の幅は狭い。
これを社会の関心の幅にすると10倍広く見える。
物差しを変えてみると、見える世界が違ってくる。
人はどうしても自分の体験や価値観で物事を見たり、
判断をしてしまう。
自分の関心を社会の関心に置き換えてみると、
様々なモノが見えてくる。
自分は小さく、社会は大きいと考え、
実践してみると自分自身も大きくなれる。
思う事ではなく、やってみる事をすすめる。

目的と手段を間違えない

頑張っているといつしか手段が目的となってしまう。
まず明確な目標を持つ。
私（当社）は目的が人づくり、手段がビジネスと考えている。
人づくりにはお金がかかるので、
会社の利益の一部を人づくりにまわしている。
時として、手段が目的となってしまう。
手段のビジネス、金儲けが目的になってしまうと、悲しい。
儲けたお金を何に使うか？

MISSION

VISION

VALUES

分かる（understand）ではなく できる（Can Do）

分かる人は多いが、できる人は10人に１人。
やり抜く人は１００人に１人。
分かっていてもできなければ、分からないのと同じである。
挑戦してみると、成功も失敗もある。失敗こそ学びの原点である。
行動して理解を自分の血肉としたい。

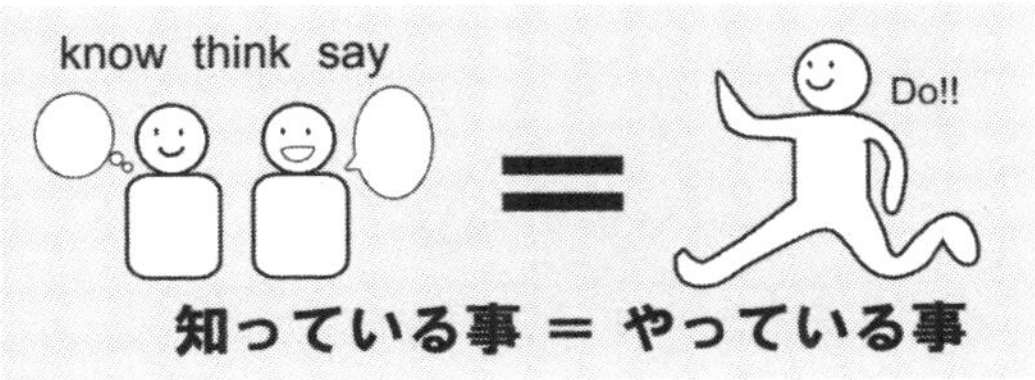

大切なモノは現象の裏に隠れている

本質は見えない。
日頃から見えないモノを見るトレーニング。
声なき声を聞くトレーニング。
人は大切なモノをなかなか人に見せない。
社会も人と同じである。
現象を鵜呑みにせず、
本質を見抜く目・心を持つと、人は変わってくる。

読書を5回すると、著者の意図（見えないモノ）が見えてくる

同じ本を1回、2回、3回と読むと
筆者の意図が少し分かる。
5回でパーフェクト。

読書は他人に迷惑を掛けずに
自分が成長できる一つの方法である。

1回目の感想は、本に書いてある事が中心となる。
5回読むと筆者の意図が見えてくる。

洞察力を身につけたいなら、
読書が一番早い近道である。

ジャンルにこだわらず
様々な本を読んでみよう

現場にヒントあり

事務所や机上にヒントなし。
現場にこそ大きなヒントあり。
全ては現場から。
自分の肌で感じたモノ、
自分で見たモノをベースに考えると、
失敗は０に近くなる。
他人の言う事を信じて失敗したら、
相手を恨んでしまう。
時間があれば、
現場や現地を自分の目で確かめ、判断したい。
現場は、嘘をつかない。

自然と動物に学ぶ

誰も答えを教えてくれない。
自然や動物に嘘はない。
気づきのヒントはいっぱい。
私には、先生がいない。
自然と動物が先生である。
自然は春夏秋冬があり、動物は自分に素直である。
空腹なら食を求めるが、満腹ならそれをしない。
自然も動物も嘘をつかない。
信じる事ができる。
人間関係もビジネスも、信頼が基本である。

第7章

グローバルな視点を持つ

国際化は英語を話す事ではない（教養の一つ）

国際化で最も大事な事は？　相手国を信じる、好きになる。
言葉が十分に伝わらなければ、「心で話す」。
心で話すとは、
相手国を「信じる」「好きになる」事である。
誰でも信じる事ではなく、
相手をよく見て、判断する事が必要である。
一語で表すならば、「人間力」である。

グローバル人材は差別しない

価値観の共有をもって差別なし。
グローバル化の基本は、「理念」と「価値観」の共有である。
どんなに優れた人でも、
この二つが共有できなければ、ダメである。
国籍、性別、学歴、経験で差別はしない。
有能な人材が世界にはいっぱいいいて、チャンスを待っている。

グローバル人材は社会貢献度が高い

能力、視野、知性、
そして人間力がある人が社会貢献できる。
何の為に仕事をして、利益を求めるか（手段）？
大きく言ったら人の為、社会の為である（目的）。
それを実現する為にはお金が必要である。
お金を得て、社会の為に実現する。
当社では、人づくりが目的で、
手段としてビジネスを行っている。

グローバル人材は教養（リベラル・アーツ）。哲学、歴史、社会科学、自然科学など幅広い勉強を

すぐに役立たない勉強こそ、真の教養。
深い穴を掘るためには、幅を広げると良い。
同様に、人もＴ型人間が最高であり、
理想である。
必要ムダと言っても良いし、
ムダの効用である。

見識と教養（すぐ役立たない勉強）を持つ

誰でもすぐ役立つ事は勉強する。
幅広い教養と見識が求められる
ユダヤ人は見識と教養が非常に高い。
それは、幼い頃よりよく勉強し、
大人になったら自立しているからである。
イスラエルは誰も守ってくれないし、
国民は自分で自分の国を守る。
今は役立たないかもしれない勉強も、
人を大きく育ててくれる。
思う事はできるが、要は実践である。

中国・アジアで無償で人づくり50年

自分の趣味、種まき、ライフワークと考え、
また人を育てれば花が咲くと確信して、Startした。
昔、中国ではビジネスが非常に難しかったし、
リスクも多かった。しかし、人づくりはノーリスクである。
人口の多い分だけ、優秀な人も多い国である。
当時の貧しい学生から金を貰うより、
思い切って無料でいこうと決断し、
実行してきた。
無料の人づくりはなかなか人に
信じてもらえなかったが、
今はそれが財産となっている。

人づくりとは

全ての基本は人である。正解はないが、人づくりに今も挑戦。
当社の基本は「人づくり」と「ビジネス」の両輪でやってきた。
種をまけば失敗もあるが、成功の芽が出てくる。
人づくりを日本だけでなく中国、アジアで長年やってきた。
もう50年にもなる。一つの文化かもしれない……。

本を贈り続けて

本の二毛作：読み終わった本の2回目の活用。文化的投資でNetwork。
当時自由になる金があまりなかった。
できる事は、読み終わった本の活用、**本の二毛作**である。
古本を集めて、中国の大学、
図書館に3000冊～5000冊送った。
あまりに古本を中国に送るので、
当時警察（公安）から睨まれもした。
カッコよく言えば、金のかからない
「文化交流」であった。

中国の〝日本語熱〟手助け

本を贈り続けて10年

裾野の杉山さん

「日本語を学びたい」と願う中国の学生たちに十年前から図書を贈り続ける裾野市須山の会社経営者杉山さんが今年も三千冊を集め、中国に送る準備を始めた。昨年は東京の出版社の協力を得て二万冊を寄贈、上海図書館を通じて全国の大学や図書館に届けられた。中国全土に広がる杉山さんの善意に中国側も感激、このほど贈呈式への招待状が届いた。

今年も3000冊を準備

贈呈式への招待状も届く

中国に贈る本の整理に忙しい杉山さん＝裾野市須山の自宅で

杉山種まき奨学金（返済義務なし）

プライベート奨学金。会社や家庭の金を使わず、
印税や講演料を支給。
中国は当時、貧しかった。
金のない学生が多くいた。
ポケットマネーで奨学金をいろいろな大学に出した。
会社の金を使うと社員から、
家庭の金を使うと家族から文句が出る……と思い、
講演料や書籍の印税を全て奨学金として出した。
中国をはじめとするアジアやアフリカの学生にも……。
インドネシアの若者に奨学金を出したら、
見事に花が咲き、彼は大臣となった。

The Daily Jakarta Shimbun　2014年（平成26年）8月7日（木曜日）

33州の学生に奨学金
南富士　ダルマプルサダ大へ

奨学金を授与した杉山社長とオロアン学長（左）

大学の教授

ビジネスはリスクはあるが、教授はノーリスク。人を育てるのは楽しい。
私は教養や知識はあまりないが、実践は無限にある。
この実践の活用の場として、
本を書いたり講演をしたり、
依頼があれば大学の客員教授をさせて頂いている。
実践によって得られる、
様々な内容が中心となっているが、
「人づくり」の内容が多い。
勿論費用は0円である。
学生は先生の話に魅力があれば聞いてくれるが、
興味を持ってもらえなければ、アウトである。

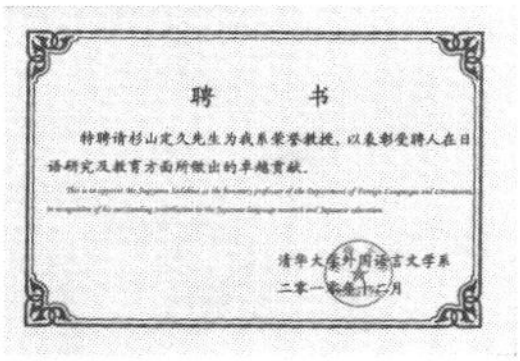

聘　书

特聘请杉山定久先生为我系荣誉教授，以表彰受聘人在日语研究及教育方面所做出的卓越贡献。

清华大学外国语言文学系

「人助け、ボランティア」の世界一はインドネシア。日本は118位

給料の5％を社会・自分の為と若い人に指導。
アメリカでは給与の10％を協会に寄付。
社会の為に、人の為になる行動をしたい。
「自分だけ」「今だけ」「日本だけ」では悲しい。
ＧＭＣの学生たちには、
給与の5％を社会や自分の為に
投資をしようと教育している。
必ずそれは返ってくると、話している。

海外進出はほとんどの企業はビジネス。私はまず人づくり、そしてビジネス

なぜ人づくりから？　人を育ててからビジネス。
人づくりや文化から進出すると新しい展開ができる。
海外進出と言うと、お金を持って投資をするのが一般的である。
私は大きな資金がないので、
お金でなく知恵（無形資産）を持って海外に出掛ける。
まず人づくりをしてから、ビジネスを始める。
人材がいればいろいろな事ができるし、Networkもできる。

海外投資の時、相手国企業ではなく大学と組む

大学は金はないが、頭脳と人材がある。
最初にビジネスを考えて海外進出をしない。
大学（それもトップ大学）を訪問し、学長と話しをする。
考え方が一致したら、学生たちに話をさせて頂く。
学生たちの目が輝いたら、
大学と組んで「実践的人づくり」から始めていく。

なぜ大学と組むか？　と問われる。
中国進出は文化（本の寄贈）からStart

かつての中国は本がなかった。古本を送り、文化的投資をし、
人脈とNetworkをつくっていった。
大学は新しいチャンスを待っている。
金がなくて何もできないと、
学長は言うがそうではない。
できる事を見つけ、Startする。
Innovationである。
信頼して頂けると、
新しいチャンスがまたやってくる。
困っている時こそ、チャンスである。
まさかの発想が、求められる。

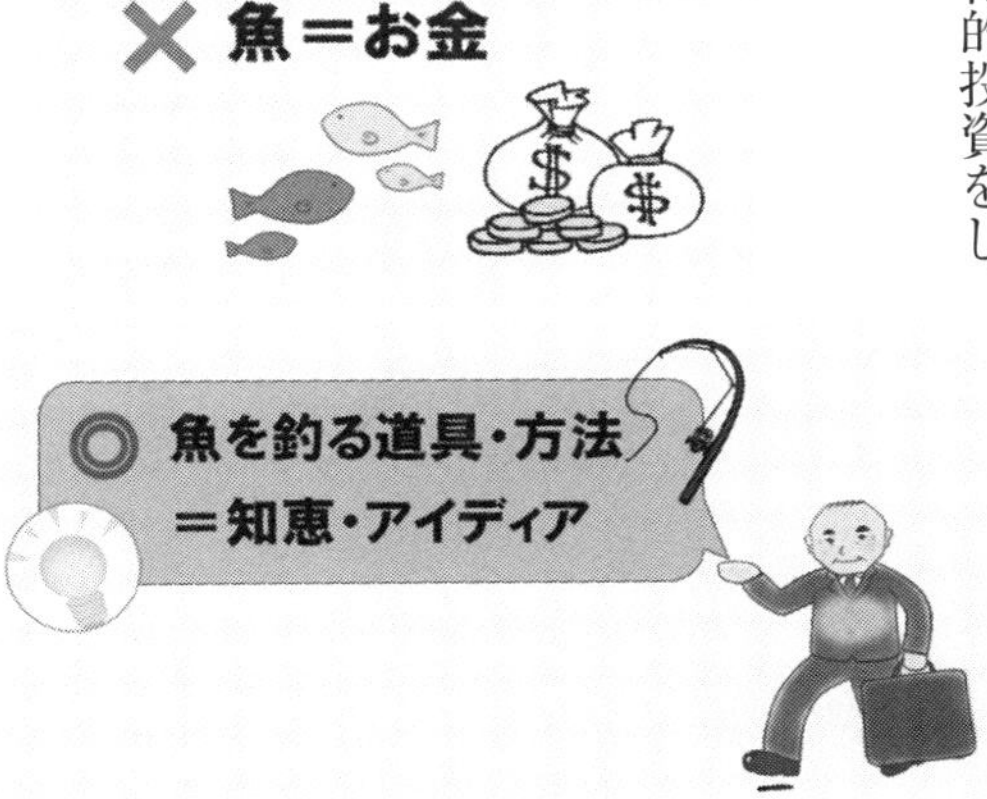

大学はお金がないが、お金を生み出す仕掛け（構築）で絶対の信頼を得る

あるモノとないモノを組み合わせ、知恵を絞って0→1を生み出す大学は頭脳人材と人脈、そして信頼がある。

こんな素晴らしい組織はない。

ベースは絶対の信頼、である。

大学は、最初はウェルカムではないが、入ってしまうと後はＯＫだ。

構築とは① Architecture ② Creation ③ Systems ④ Building ⑤ Construction

日本では漠然としているが英語では分かりやすい
家を建てる時、まずプランがなければ家はできない。
次にいろいろな事を考え、どんな生活をしたいか、
想像をしなければならない。
そして、どんな風に家を建てるか、
システム化が必要である。
そして、いよいよ実際に建設が始まる。
ラストは汗を流して、完成である。
このように、全ての事柄を事前に構築できたら、
パーフェクトである。
自分にできない事は、できる人の力を借りよう。

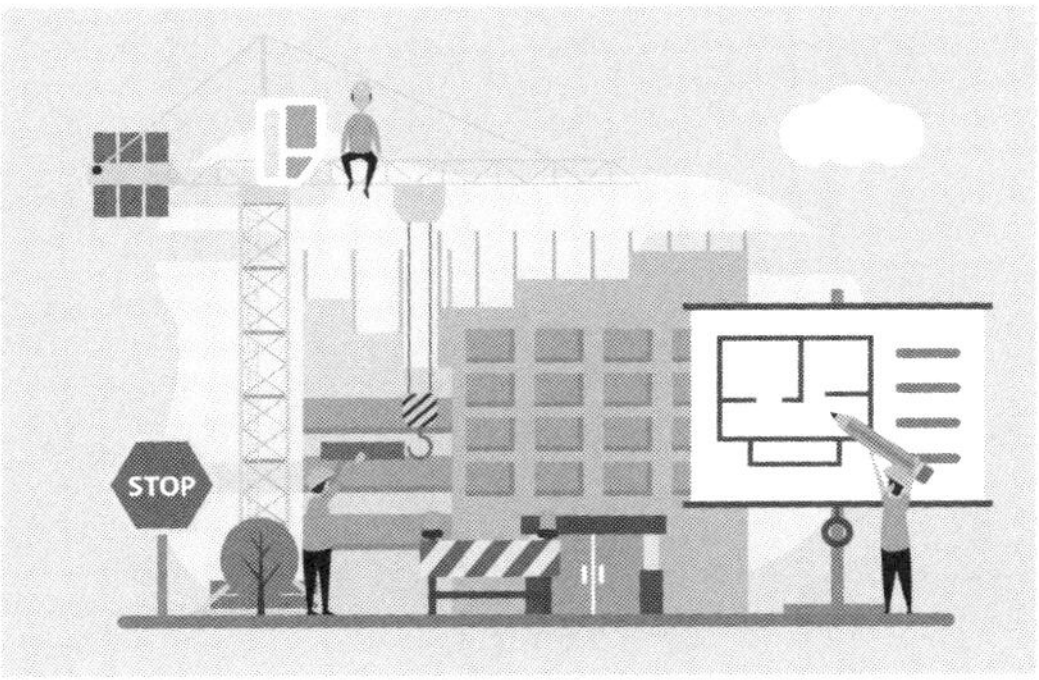

中国のトップ大学の一つ蘭州大学に、当社が運営する学生工作室が2023年Start

なぜ蘭州か？　誰も行かない内陸の砂漠の中。ここにチャンスあり。
研《みが》けば光る人材も多し。
私も50年中国に行っているが、蘭州には行った事がなかった。
上海から飛行機で2時間半、日本に来るのと同じ時間である。
中国人も、外国人も誰も行かない秘境にチャンスあり、である。
私たちの今までの中国での
50年の実績を話すと納得してくれ、
我が蘭州大学にもチャンスを下さい、と。
大学の中の一教室を当社が運営する
学生工作室として提供して頂いた（無料）。
人づくりは、どこでも花が咲く。

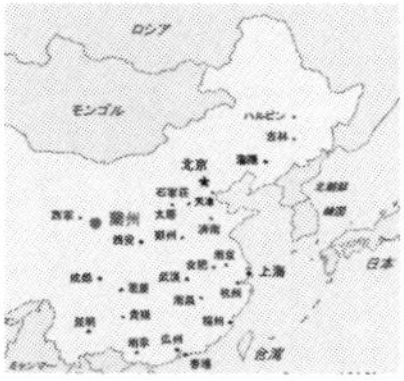

第8章

挑戦するということ

挑戦には失敗がつきもの。
成功、失敗は50：50。失敗から学べばいい

80歳でも挑む人生。
人生100年時代である。
いくつになっても夢や目標を持って、
挑戦したい。
私の人生は、挑戦の連続である。
やり抜けば、成功にたどり着く。
途中で諦めたら、
そこで創造は止まり、
失敗に終わる。
時代に合った、
人に喜ばれる事に挑戦したい。

「思う・考える」のではなく、やってみる

考えても思ってもダメ。やってみる（挑戦）。
思う、考える事は誰でもできる。
しかし、思った事をやる（挑戦する）人は、
１００人に１人であり、
やり続けて成功までいく人は、
１０００人に１人である。
継続は難しいが、
健康でお金と時間がないと難しい。
継続は力でもある。

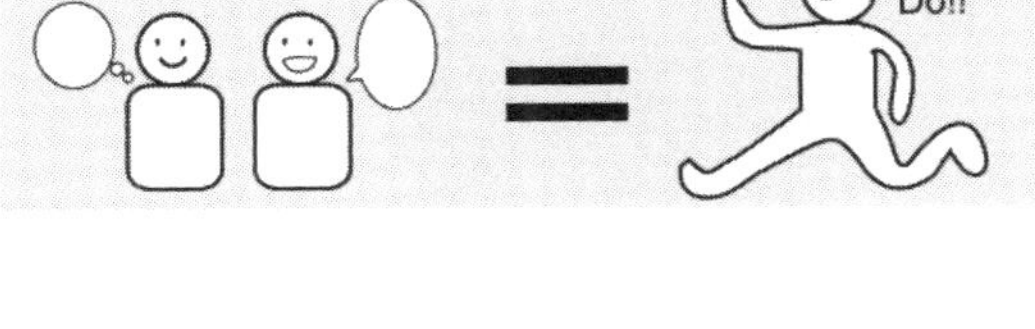

どうせやるなら思い切って挑戦

全力で挑戦すれば、道は拓ける。ダメでも納得。
力がなければ、一点に集中して挑戦すれば成功は近い。
自らの意志であれば、失敗しても納得がいく。
やらずに悔やむより、やって悔やむ方がいい。

他者と同じ事をしない（人の行く裏に道あり花の道）

多くの人が行く道は競争が厳しい。
本当の楽な道は人の裏。
裏の道を行くには、勇気がいる。
多くの人が反対をするからである。
敵をつくらないビジネスは、
みなと同じ事をしない道を選ぶ事である。
私は人と同じ事をすると、
自己嫌悪になる事がある。
私の前に道なし、
後ろに道はできるのだ、
と考えている。

あなた（社員）が失敗しても会社は倒産しない

ＴＯＰの失敗は倒産するが社員の失敗では大丈夫。
安心して挑戦して失敗していい。
失敗×失敗＝成功と考えている。
（マイナス×マイナス＝プラス）
人生は足し算でなく、掛け算である。
（ケミストリー……化学反応である）
特に若い時は、
大いに失敗して将来その失敗を活かしてほしい。

挑戦しないで悔やむより、やって学べばいい

挑戦しない人はいつも同じ失敗を繰り返す。
失敗したらそこから学べばいい
何事もYes Tryでやってみると新しい発見がある。
実践に勝る学びはない。
成功も失敗も自分の歴史の１ページ、である。

実践（挑戦）に勝る教育なし

経営学は大学で学べる。
しかし経営は実践でしか学べない。
経営学という学問と、実践の経営は全然違う。
経営学は机上だが、経営は常に真剣勝負である。
実践の楽しさ、苦しさ、成功の喜びは、
当人にしか分からない。
国家も、大学も、企業も、組織も、
全て経営（ＴＯＰ次第）である。

何事もＰＤＣＡがベース。そしてＤｏ

まずPlan（目標・夢・計画）。
次にPlanに基づいたDo（実践・行動）である。
そして、ＰとＤの差のCheck（検証）である。
計画が悪かったたか、行動に問題があったのか、
様々な事が考えられる。
そしてもう一度、Actionに戻る。
何かをするとき、このＰＤＣＡが全ての基本となる。

全員が反対したら成功。それは前例がないから。成功確率が高い

常識・過去の経験から反対。成功は過去の延長線上にはない。
人間は、自分の頭でイメージできると賛同してくれる。
もし反対をするなら、対抗案を持って反対すべきである。
前例があると楽であるが、競争相手が既にいる。
全員が反対したら、成功間違いなし。
50年前の中国進出。特許八角形住宅。
大卒女子カーペンターチーム。
ニート・ひきこもり就労支援Roof Meister School。
ＴＯＰ大卒経営人材（頭脳人材）。
育成のＧＭＣ……他。

人とは違った
視点をもつこと

同じ失敗は二度としない

失敗したら学び、
同じ失敗は二度としない。
失敗を活かす。
失敗の数だけ、
成功があると私は思う。
但し、同じ失敗は二度としない。
できれば若いうちに、
挑戦して失敗したい。
そしてそれを笑える人生が、いい。

傷だらけの人生の方が楽しい。失敗を活かす（マイナス×マイナス＝プラス）

若い時には失敗をして、それを活かす人生を。
様々な体験をし、成功も、
失敗もある人は魅力ある人間である。
マジメな人は、魅力がない。
つまり失敗を恐れて失敗をしない。
自分の枠を決めて、
決してそこから出ないから失敗もない。
枠を超えて、挑戦する人生をすすめる。

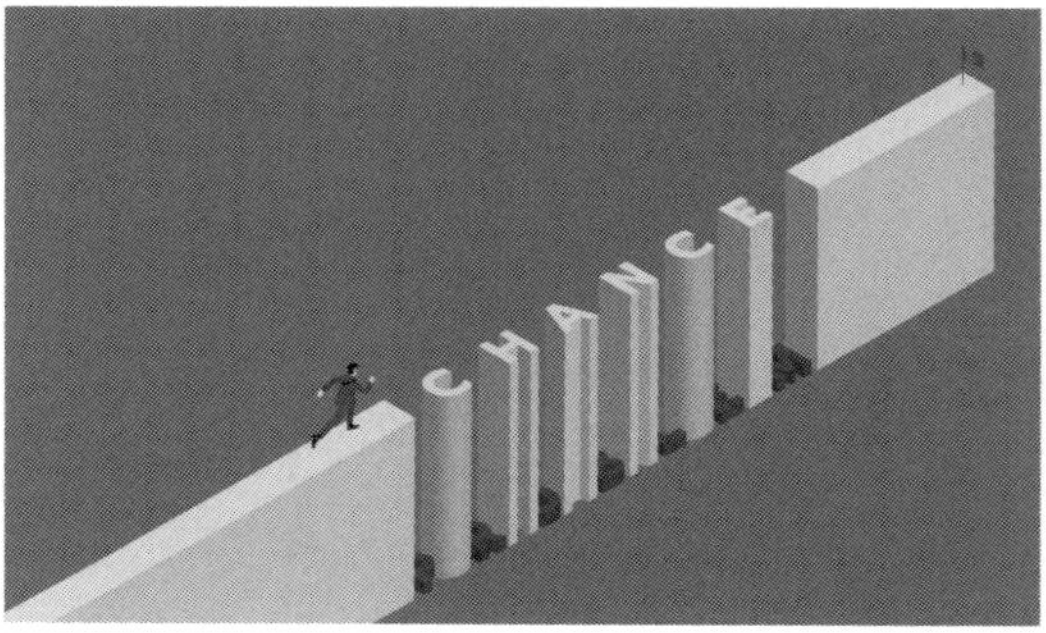

七転八起

諦めなければ失敗はない。やり抜く精神が大事。
7回転んでも、8回起きるタフな人間でありたい。
明確な夢や目的がないと、7回も挑戦できない。
諦めるという事は、創造力放棄と同じである。
ダルマさんは、何回転んでも起きるのだ。

挑戦するにはエネルギー（時間とお金）がいる

稼ぐ力がないと絵に描いた餅になる。時間は使い方。
人づくりが目的で、
それを達成する為に、
（手段として）ビジネスを行う。
こんな風に海外で話すと、
協賛が得られ、多くの人の賛同を得られる。
目的と手段を間違えると、
ゴチャゴチャになってしまう。
稼ぐ力も非常に大切な要素である。

稼ぐ力

屋根工事は日本一（ガリバー）企業
月間 1000 棟。職人軍団 500 人。東京圏 23 拠点。

人づくり

・**人づくり**（中国で Start）	1975 年～50 年間無償で
・**GMC**（22 才で経営人材） （500 人の頭脳 Network・人脈）	2005 年～中国で（GlobalManagementCollege） 2024 年～インドネシアで
・**Roof MeisterSchool** （ひきこもり職人育成学校）	2016 年～日本で

諦めなければ成功する（20回Try）

八角形住宅の許可を得る為、国土交通省に20回Try。
何でも21回挑戦したら成功。
好きな相手がいたとしよう。
1回や2回で諦めるのではなく、
20回Tryしたら Yesとなる……と話すと、
多くの人が納得する。
自分が本当に心から思う事は、
諦めないで挑戦したい。

女性社員の提案から生まれた「八角形住宅」

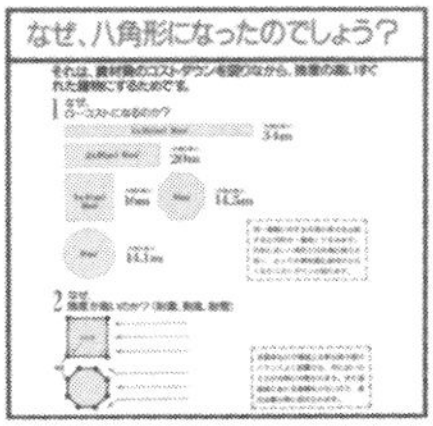

命がけの挑戦も人生に一度または二度あり

オイルショックもリーマンショックも乗り越えた。
リーマンショック（2008年）の時、
「攻」「守」「頭脳」「教育」の四つで乗り越えた。
攻……開発営業部
守……ムダ取り室
頭脳……GMCの活用
教育……基本の再教育

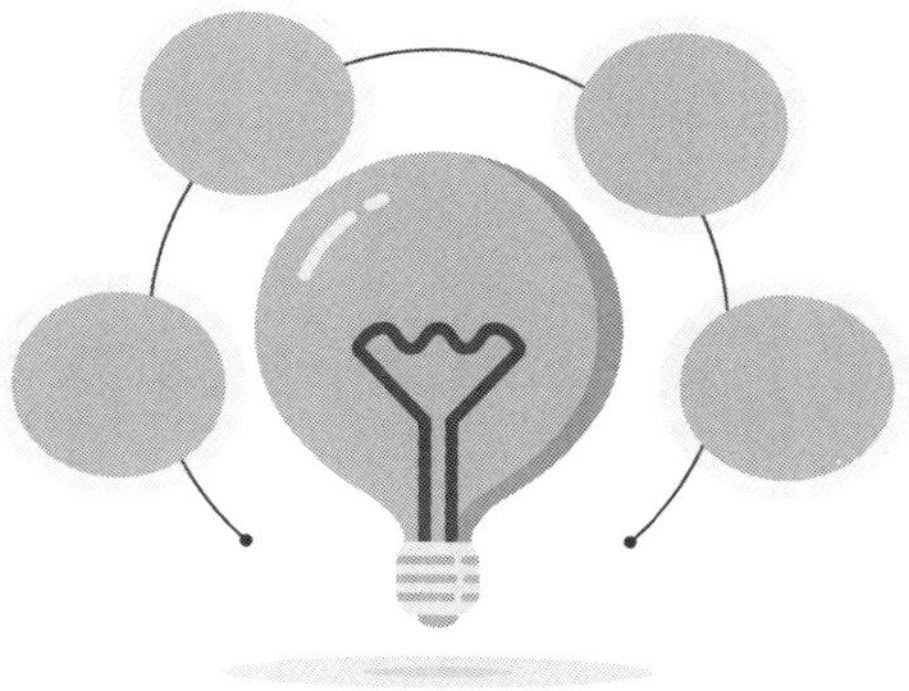

苦しい時はドラマの主人公。谷の後は山ありと考える

山あり谷あり。
フィンランドは山がないので川がない。
全てが池（湖）である。
平凡な人生より、山あり谷ありの人生もまた、
楽しからず。
ドラマでも、平凡なストーリーより、
ハラハラのストーリーの方が面白い。
苦しい時は、ドラマの主人公で、
次のステージでは楽しくなると思うと、
苦もまた楽である。
楽観的に考える事も大切である。

前例がないと周りは賛同してくれない。苦しい（生む苦しみ）が、どれだけ思いを持ってやり抜くか

反対は頭の中でイメージできないから。
結果を出す事が全て。信じてやり抜く。
やり抜き成功すれば、理は後からついてくる。
やるだけでなく、やり抜く、
ズバ抜けてやり抜けると反対した人も賛同してくれる。

常に創造し、新しい挑戦を続ける創造は、余っているモノと足りないモノの組み合わせ

創造は白地の紙に新しい絵を描くようなものである。
0から1を生み出す事でもある。
世の中には、余っているモノと
不足しているモノがあり、
これを組み合わせる事が創造である。
それに気づく事が、創造の第一歩である。

人づくり×介護×ＡＩ
南富士の人づくりが新たな領域に挑戦

介護は高齢化社会に伴ってどんどん需要が増えていく。
一方、人手不足で介護をする人が絶対的に不足している。
これを補う一つが、ＡＩ（人工知能）である。
中国のＡＩや、デジタル化は日本の20年先を行っている。
その一つに介護ＡＩを開発し運用している会社があり、
ここと組み、日本や中国で新しい
【介護×ＡＩ×人づくり】の事業をStartする。
ＡＩの人材、介護をする人、
介護マネージャーもすべて人であり、
多くの人を育てなければならない。
人を育てるのは当社の強みであり、共に手を組み、介護に新しい風を吹かせたい。

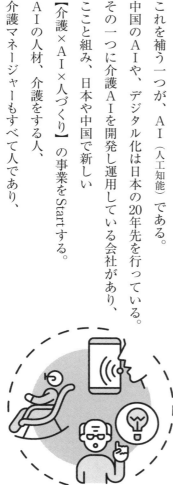

挑戦の先に明るい未来（明日）がある

従来と同じでは明日はない。挑戦に不安はあるが、
それ以上に未来に向かっての夢がある。
明日という字は明るい日と書く。
朝の来ない夜はない。
様々な事に挑戦してきて今思うのは、
挑戦の先に明るい未来（明日）があるという事だ。
失敗を恐れないで挑戦したい。

過去の延長線上に明日はない。
未来はつくっていくもの

明日とは明るい日と書く。
Innovation（0→1）は挑戦である。
過去の延長線上は安全だが、発展進歩は望めない。
日々変化をして、今日まで来たが、
未来を考える創造（Innovation）ほど楽しいモノはない。
無から有を生む事をライフワークとしたい。

私の挑戦は常に前例がなく先生もいない。成功を信じてやり抜くだけ（中国、ＧＭＣ、ＲＭＳ）

前例のない事は賛同者がいない。
50年前の中国。ＧＭＣ（22歳で経営者）。
Roof Meister School（ニートの職人育成）。強い思いと実践力。
ちょっと先を見る力があると、人生は変わる。
それには、三歩先（次、その次、そしてその次）を
見るトレーニングが必要である。
三歩先は誰にも見えないが、
読書等によって洞察力を身につけると、人生楽しい。
種をまいて花が咲く人生は、最高の人生である。
そして50年間に及ぶ無料の「人づくりの種まき」は、
大きな花と実を結んできた。

Challenge

張総経理からのメール

張総経理からのメールには、A4用紙3枚分、私が48年間中国で行ってきた「人づくり」「大学での客員教授」「論文」「奨学金」「著書」等についてビッシリと書かれたレポートが添付されていた。私が忘れていた案件まで……。

杉山定久

出生于日本静冈县静冈県裾野市，毕业于东洋大学经济系经营专业，同年进入杉山木材加工厂(南富士产业的前身)，1980年担任南富士产业株式会社社长。

国籍 日本出生地日本静冈县静冈県裾野市出生日期 1943 年毕业院校东洋大学性别男

1966年(昭和41年) 毕业于东洋大学经济系经营专业

同 年 进入杉山木材加工厂(南富士产业的前身)

1980年(昭和55年) 担任南富士产业株式会社 社长

现任职务

南富士产业株式会社 社长

周六学堂(培养人才) 主办者

GCU 代表

中国 上海南富士建筑设计有限公司 董事长

中国 万克德商务咨询(上海)有限公司 董事长

中国 武汉大学 高新技术产业 顾问

中国 武汉大学 学生创业大赛 主办者兼评委

中国 武汉大学 客座教授

中国 浙江工业大学外语系 客座教授

中国 华东师范大学希望就修学院 客座教授

中国 武汉理工大学 客座教授

中国 华中科技大学 客座教授

中国 西安交通大学 客座教授

日资企业管理者培养班 主办者

GMC(Global Management College) 创办者

贡献中国

1979 年 开始每年向中国寄赠书籍

1982 年 向日本大学(研究生院)推荐录取中国青年留学生

1989 年 向上海图书馆寄赠书籍

1991 年 海外第一栋八角形住宅作为公共建筑，在中国上海市嘉定区制作完成

1991 年 被中国建设部特邀作演讲(1991 年 11 月 1 日~3 日)

1992 年 中国上海东海农场 八角形幼儿园 7 栋完成

1992 年 日本三岛本部「汉语讲座」开始

1994 年 从中国引进开发原创的健康茶(美丽茶)

1995 年 担任武汉大学客座教授(至今)

1996 年 武汉大学杉山奖学金第一次颁发(10 名)以后每年进行颁发

2002 年 (同上海大学)举办「中国商务培训」

2002 年 (同上海中医药大学)举办「中国减肥旅游」

2002 年 开设「中国商务支持中心」

2003 年 「人才导刊」日语版・中文版隔月发行

2004 年 南富士・武汉大学学生创业竞赛名誉顾问

2004 年 华东师范大学附属希望进修学院客座教授，颁发杉山奖学金

2004 年 浙江工业大学客座教授

2004 年 武汉学生创业工作室、广州学生创业工作室发起者

2004 年 华中科技大学客座教授，颁发杉山奖学金

2004 年 武汉理工大学客座教授，颁发杉山奖学金

2005 年 GMC 创办者

2005 年 西安学生创业工作室发起者

2006 年 北京学生创业工作室发起者

2007 年 清华大学外语系客座教授

2007 年 哈尔滨工业大学管理学院客座教授

主要著作及论文

「梦づくり、家づくり」(《创造家庭 创造梦想》)

「住宅革命」

「よく気がつく人は、よくデキる人」(《人才就是善于发现》)

「仕事で游ぶ社员が会社を强くする」

「デキる社员」等建筑和管理方面的书籍 10 余本。

.论文

1990 年 木材新时代への発想(对木材新时代的构思)

1995 年 人材育成论(チャンスと任せる){人才培育论(机会的给予)}

1995 年 中国ビジネス论 (中国商务论) 2004

1997 年 No.1、Only1(No.1、Only1)

2003 年 MFTB(社会变化対応论){ MFTB(社会变化应对论)}

2004 年 仕事で游び社员が会社を强くする

2000 年至今 M-net

个人爱好

"人才的培养和国际化"

公开演讲

每年在各大企业、高校、社会团体等公开场合进行 30~40 次演讲。演讲主题涉及人才的培养、新规事业、经营和人才培养、中国商务等内容。

4つの顔をもつ

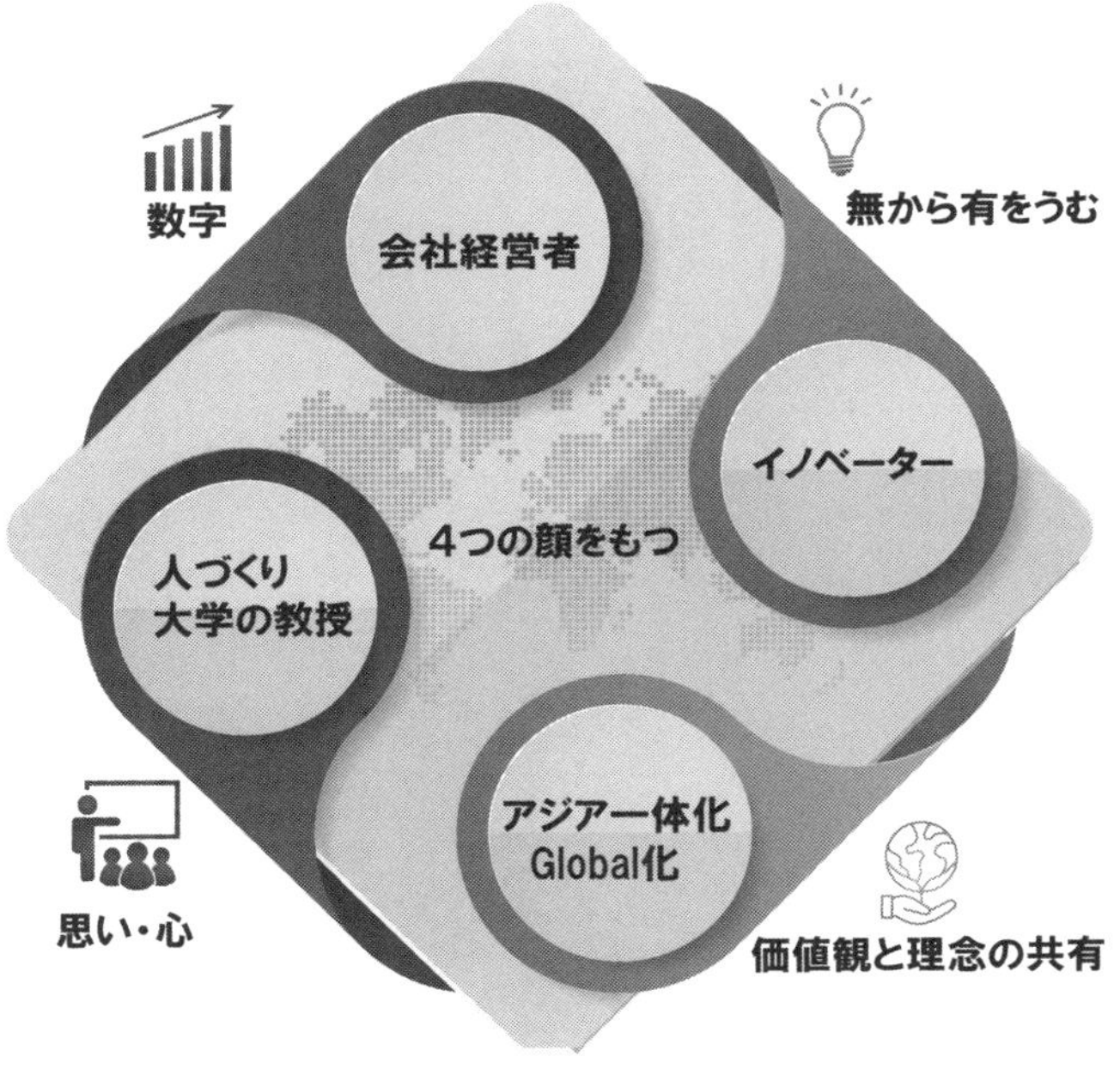

数字
会社経営者
無から有をうむ
イノベーター
4つの顔をもつ
人づくり
大学の教授
アジアー体化
Global化
思い・心
価値観と理念の共有

杉山定久　概念図

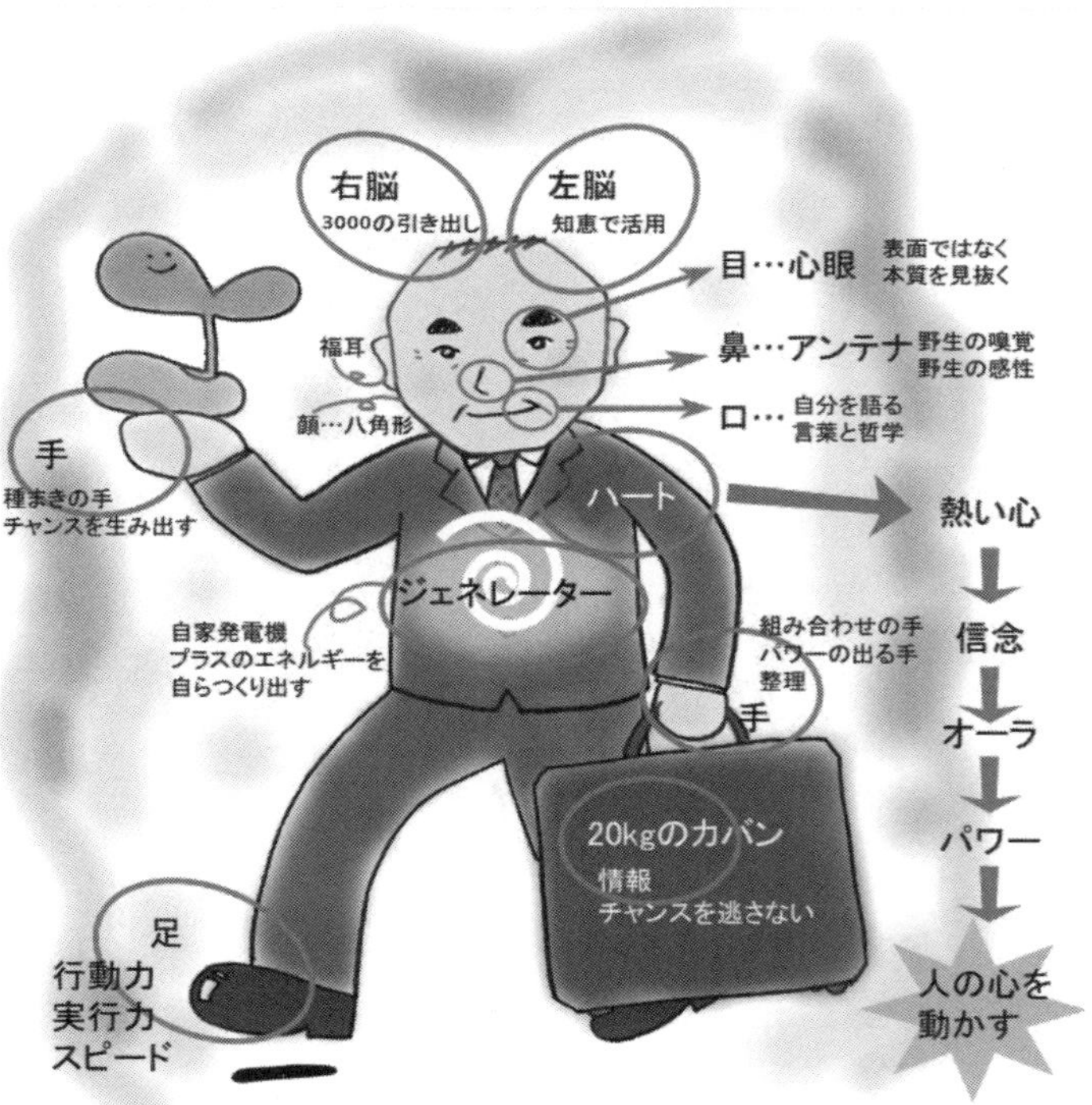

右脳
3000の引き出し
左脳
知恵で活用
目…心眼
表面ではなく
本質を見抜く
福耳
鼻…アンテナ
野生の嗅覚
野生の感性
顔…八角形
口…自分を語る
言葉と哲学
手
種まきの手
チャンスを生み出す
ハート
熱い心
信念
オーラ
パワー
人の心を
動かす
ジェネレーター
自家発電機
プラスのエネルギーを
自らつくり出す
組み合わせの手
パワーの出る手
整理
手
20kgのカバン
情報
チャンスを逃さない
足
行動力
実行力
スピード

杉山定久　プロフィール

杉山定久（すぎやま・さだひさ）
南富士株式会社　代表取締役会長

〈アジアでの人材育成 50 年〉
・アジアの 18 の大学で教授
中国　名誉教授：清華大学、武漢大学、客員教授：西安培華学院大学
ベトナム　客員教授：ハノイ貿易大学、ハノイ工科大学 他
・杉山種まき奨学金（返済不要）
・本の寄贈（アジアの大学へ、日本の古本を寄贈）
・著書 18 冊
・日本、中国、ベトナム、インドネシアでのメディア出演多数（TV、新聞、雑誌等）

〈南富士株式会社　概要〉
・住宅の屋根・外壁工事でアジア No.1 事業を展開するガリバー企業。
500 人の職人 Network を持ち、月間 1,000 件の施工（日本一）を行う。
・31 拠点（日本 24、中国 4、ベトナム 2、インドネシア 1）を保有するグローバル企業

〈人材育成プロジェクト〉
現地 TOP 大学との連携により、授業料無料の私塾を提供し、中国を中心にグローバルに活躍する経営リーダーの育成と活躍の場を提供している。
教育は全て無料で行い、これまでに 500 名以上の卒業生を輩出。
アジアに Humen Network を広げている。
・**GMC**（Global Management College）／　経営リーダー育成（中国ほか）
・**AI ×介護×人材育成**　／　AI と人が融合した新しい介護システムの開発（日本、中国、インドネシアほか）
・**日中人材育成協会**　／　（会長 福田康夫元総理、理事長 杉山定久）

〈日本での人材育成〉
・**RMS**（Roof Meister School）／　わかもの就労支援：ニート、ひきこもりを屋根職人に育成
・**新卒採用**　／　潜在能力採用

杉山定久　ウェブサイト／SNS

Minami Fuji
Digital アニメーション

Minami Fuji
公式 Instagram

頭の活性化マガジン
M-net

南富士株式会社ホームページ

おわりに

「様々な種をまき」「人の行く裏に道あり花の道」と思い、「ビジネスと人づくりは私のライフワーク（趣味）」と言って、50年が経ってしまった。

古本を中国に大量に贈って公安警察に目をつけられたり、人づくりは時間とお金がかかるので、周囲の人々からは理解されず……。

しかし、今日までやり続けたおかげで、人材（Humen Network）という無形資産が、中国・アジアで花が咲いている。


目に見える有形資産（土地、建物、機械、売上）は、誰にも分かりやすいが、形のない「知恵」「情報」「人脈」などの無形資産は、人に説明するのが非常に難しい。

行動すれば必ず何かが生まれ、それを継続する事によって目に見えない何か（Something Grade）が生まれると思う。


大卒で22歳の時、父親の木材会社に入社したが、20人中13人が退社してしまった。辞めた理由を聞くと、「この会社には夢がない」との事であった。それならばと「夢のある会社をつくろう」と心に誓い、80才の今も夢を持っている。

夢は実現してしまうので、また次の夢、そしてまた次の夢……と、今日までやってきた。

夢を実現する為には、「稼ぐ力」もなければならない。夢だけでは絵に描いた餅となってしまう。

今、それは「夢（人づくり）」と「稼ぐ力（ビジネス）」の両輪となっている。

昨今は「人的資産」という言葉がよく出てくるが、「人」こそが全ての基本であると、確信している。

50年にわたり中国・アジア・日本で人を育ててきて悔いのない人生であるし、命ある限り「夢（人づくり）」と「稼ぐ力（ビジネス）」に挑戦したい。

最後に、本書を作成するにあたり弊社の杉山拓社長と総合戦略企画室の浅井昌美さんには大変尽力いただきました。

この場をお借りして感謝申し上げます。

杉山定久

80歳《さい》にして、挑《いど》む
人《ひと》こそが最高《さいこう》の財産《ざいさん》

2024年9月2日　第1刷 発行

著者　杉山定久《すぎやまさだひさ》

装丁・本文デザイン　岡部夏実（Isshiki）
図版　Adobe Stock, iStock (by Getty Images)

発行人　永田和泉
発行所　株式会社イースト・プレス
〒101-0051　東京都千代田区神田神保町2-4-7　久月神田ビル
Tel.03-5213-4700
Fax03-5213-4701
https://www.eastpress.co.jp
印刷所　中央精版印刷株式会社

ISBN978-4-7816-2297-2

本作品の情報は、2024年7月時点のものです。情報が変更している場合がございますのでご了承ください。